JN082583

蹴日本紀行

宇都宮徹壱

47都道府県フットボールのある風景

47 landscapes and regionality

もくじ

いざ行かん！
フットボールの
旅へ！

北海道・東北

Nº 01 北海道（Hokkaido）------ 006
Nº 02 青森県（Aomori）------ 012
Nº 03 岩手県（Iwate）------ 016
Nº 04 秋田県（Akita）------ 020
Nº 05 宮城県（Miyagi）------ 024
Nº 06 山形県（Yamagata）------ 030
Nº 07 福島県（Fukushima）------ 034

関東

Nº 08 茨城県（Ibaraki）------ 044
Nº 09 栃木県（Tochigi）------ 050
Nº 10 群馬県（Gunma）------ 054
Nº 11 埼玉県（Saitama）------ 058
Nº 12 千葉県（Chiba）------ 064
Nº 13 東京都（Tokyo）------ 070
Nº 14 神奈川県（Kanagawa）------ 076
Nº 15 山梨県（Yamanashi）------ 082

北信越・東海

Nº 16 新潟県（Niigata）------ 090
Nº 17 長野県（Nagano）------ 094
Nº 18 富山県（Toyama）------ 100
Nº 19 石川県（Ishikawa）------ 104
Nº 20 福井県（Fukui）------ 108
Nº 21 静岡県（Shizuoka）------ 112
Nº 22 岐阜県（Gifu）------ 118
Nº 23 愛知県（Aichi）------ 122
Nº 24 三重県（Mie）------ 128

九州

№ 40　福岡県（Fukuoka） ---- 214
№ 41　大分県（Oita） ---- 220
№ 42　宮崎県（Miyazaki） ---- 226
№ 43　佐賀県（Saga） ---- 230
№ 44　長崎県（Nagasaki） ---- 234
№ 45　熊本県（Kumamoto） ---- 240
№ 46　鹿児島県（Kagoshima） ---- 244
№ 47　沖縄県（Okinawa） ---- 248

関西

№ 25　滋賀県（Shiga） ---- 136
№ 26　京都府（Kyoto） ---- 140
№ 27　和歌山県（Wakayama） ---- 146
№ 28　奈良県（Nara） ---- 150
№ 29　大阪府（Osaka） ---- 154
№ 30　兵庫県（Hyogo） ---- 160

まえがき ---- 004

Column. 1 ---- 040
公共交通機関での「一期一会」の楽しみ

Column. 2 ---- 086
陸上兼用スタジアムは決して「敵」ではない

Column. 3 ---- 132
土着的なサポーターをリスペクトする理由

Column. 4 ---- 166
「ご当地グルメ」にラーメンは是か非か？

Column. 5 ---- 210
旅先でのマスコットが尊く感じられる理由

あとがき ---- 254

ブックデザイン　漆原悠一、栗田茉奈（tento）
編集協力　五十嵐メイ
編集　森 哲也
印刷　シナノ書籍印刷

中国・四国

№ 31　岡山県（Okayama） ---- 170
№ 32　鳥取県（Tottori） ---- 174
№ 33　広島県（Hiroshima） ---- 178
№ 34　島根県（Shimane） ---- 184
№ 35　山口県（Yamaguchi） ---- 188
№ 36　徳島県（Tokushima） ---- 192
№ 37　香川県（Kagawa） ---- 196
№ 38　高知県（Kochi） ---- 200
№ 39　愛媛県（Ehime） ---- 204

まえがき

「47」という数字から、貴方は何を思い浮かべるだろうか？
時代劇ファンなら、赤穂浪士の四十七士。
川崎フロンターレのファンなら、旗手怜央の背番号をイメージするだろう。
しかし多くの方は、47都道府県をまず連想するはずだ。

日本の都道府県の数は、最初から47ではなく、紆余曲折を経てこの数字に収まっている。
大政奉還後の１８７１年（明治４年）、
廃藩置県によって北海道の一部を除く国内全域が3府３０２県となる。
幕末の藩の数は３００近くあり、まずはそれらが県にスライドしていった。
その後、第１次（１８７２年）と第２次（１８７６年）の府県統合で、
3府72県、さらに3府35県まで圧縮。
東京府が東京都に移行された１９４３年（昭和18年）に1都2府43県2庁（北海道庁と樺太庁）となる。
そして戦後、沖縄県がアメリカ施政下に入り、樺太庁が廃止されて北海道庁が北海道に移行。
しばらく46都道府県の時代が続き、１９７２年5月15日の沖縄本土復帰により、
現在の47都道府県となったのである。

本書『蹴日本紀行』では、この47都道府県に、とことんこだわっている。

サブタイトルが示すとおり「47都道府県フットボールのある風景」を写真と文章で活写したのが本書である。

フットボールを切り口に、旅人感覚で日本各地を訪ね歩く出版企画は、過去にもあった。本書の一番の特徴は、全国に散らばるJリーグ所属のクラブではなく、47都道府県を踏破することに主眼を置いたところにある。

なぜJクラブではなく、47都道府県にこだわったのか。理由は2つある。

まず、Jクラブは年々増加を続けていること。2021年は57クラブあるが、この数字は安定していないため、シンボリックなものとはなりにくい。

そして、Jクラブがない県にも光を当てたかったこと。2021年現在、Jクラブがないのは7県。そのうち2県は、全国リーグを戦うクラブもない。

では、そうした県には「フットボールのある風景」が存在しないのかといえば、もちろんそんなことはないのである。

本書では、複数のJクラブがある県も、まったくJクラブがない県も、等しく取り上げている。Jクラブがない県にも、さらに言えば貴方が暮らす街にも、秘宝のような「フットボールのある風景」が、静かに佇んでいるかもしれない。北は北海道から南は沖縄まで、47都道府県を踏破して生まれた『蹴日本紀行』。貴方の旅のお供に、本書を加えていただければ幸甚である。

№ 01

唯一無二のJクラブとダービーの夢

北海道

・総面積　約8万3424平方km
・総人口　約523万人
・都道府県庁所在地　札幌市
・隣接する都道府県　なし
・主なサッカークラブ　北海道コンサドーレ札幌、北海道十勝スカイアース、ノルブリッツ北海道FC、札大GP、ノルディーア北海道
・主な出身サッカー選手　新田純興、小野卓爾、財前恵一、財前宣之、葛野昌宏、城彰二、下村東美、山瀬功治、山瀬幸宏、石井謙伍、千葉和彦、清原翔平、西大伍、櫛引一紀、荒野拓馬、前貴之、前寛之

北海道と聞いて、まず思い出すのが北海道コンサドーレ札幌である。そして「コンサが今季もＪ１に残留するかしないか」問題は、当該サポーターのみならず対戦相手のサポーターにとっても、非常に気になるところ。なぜなら、年に一度の札幌遠征がなくなるかもしれないからだ。

Ｊリーグの日程が発表されると、札幌でのアウェイ戦からチェックする他サポは意外と多い。すぐさま飛行機とホテル、何ならサッポロビール庭園まで予約するサポもいるかもしれない。

Ｊ１に定着して久しい、最近のコンサのフットボールはもちろん魅力的だ。だが、それと分ち難く結び付いているのが、観光地としての北海道の魅力である。何しろ都道府県の魅力度ランキングで12年連続1位（２０２０年現在）。景勝地あり、グルメあり、そしてフットボールあり。もっともフットボールに関しては、別の視点に立脚してみると、また違った北海道の姿も見えてくる。

最初にご案内するのが、コンサのホームゲームが行われる札幌ドーム[1]。日本で唯一の完全屋内天然芝サッカースタジアムであり、天然芝のサッカー場と人工芝の野球場が入れ替えられる「ホヴァリングシステム」を世界で初めて採用している。北海道日本ハムファイターズもホームゲームで使用しており、ＮＰＢ球団とＪクラブが共同で使用している、国内唯一の競技施設だ。

ドーム観戦も悪くはないが、オープンエアでのサッカー観戦こそ、北海道らしさを存分に体感できる。その意味で札幌厚別公園競技場[2]は、陸上トラック付きではあるものの、個人的には大好きなスタジアムのひとつだ。完成は１９８６年。

2

1

10年後の96年から、コンサのホームスタジアムとなった。旧ＪＦＬ（ジャパンフットボールリーグ）時代の2シーズンは、ホームゲーム21試合で全勝するという驚異的な記録を樹立。ゆえに、往時を知る古参サポの間で、厚別は「聖地」と呼ばれている。

札幌を訪れたら、試合会場以外でぜひ訪れていただきたいのが、[3]宮の沢白い恋人サッカー場。Ｊクラブのトレーニング施設の中で、ここは最もヨーロッパのそれに近い。３０００人収容のスタンドに加えて、オフィシャルショップにミュージアム、さらにはピッチを眺めながら食事ができるレストランもある。

ちなみに宮の沢の管理費や維持費は、広告看板で賄われている。フェンス横断幕は、縦１８０×横３６０センチで60万円（税抜）。コンサの練習風景は、地元メディアでもよく取り上げられるので、それなりに広告効果が期待できそうだ。

さて、コンサがクラブ名に「北海道」を冠したのは、クラブ創設20周年の２０１６年のこと。このクラブ名変更により、コンサは道内で唯一無二の存在感を増すこととなった。とはいえ、コンサは北海道育ちではあるものの、そのルーツは神奈川県川崎市を本拠地としていた東芝堀川町サッカー部。よって、生粋の道産子のクラブではない。北海道はこんなに広いのに、札幌以外の都市でＪリーグの試合が見られないのは、いささか寂しい話。だからこそ札幌以外の土地で、北海道生まれのＪクラブ誕生を期待したいところだ。

その可能性が、最も感じられるのが道東地域。[4]帯広市を中心に十勝地方をホームタウンとする、[5]北海道十勝スカイアースである。１９９５年に設立した草サッ

4

3

カーチームは、7回の名称変更と降格を含む何度かの危機を乗り越えて、今では北海道リーグでは向かうところ敵なしの状態が続いている。

とはいえ、ここからJFLに昇格し、さらにJリーグを目指すのは容易ではない。他の地域リーグと比べると、北海道は明らかに競争力が低く、JFLへの登竜門である地域CLでは「出ると負け」の状態が続いているからだ。

最後にご案内するのが、函館市にある千代台公園陸上競技場[6]。かつてコンサのホームゲームも行われただけあって、JFL開催は問題ないだろう。北海道が総面積と人口で、スコットランドとほぼ同じであることを思えば、帯広や函館や旭川あたりにJクラブがあってもよさそうな気もする。

そんな夢を阻んでいるのが、道内での競争力の低さに加えて、急激な人口減少。とりわけ第1種のチーム数は、近年は減少の一途をたどっている。札幌ドームから離れた土地を訪れると、華やかさから一転、厳しい現実に直面することもしばしば。北の大地にダービーが実現するのは、果たしていつの日であろうか。

ドーレくん
（北海道コンサドーレ札幌）

北海道メシ

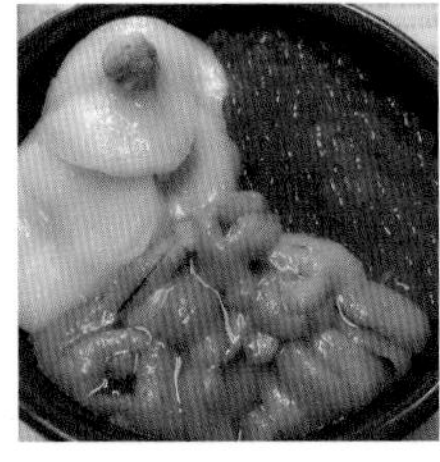

美味いものに事欠かない北海道だが、海鮮丼はどこで食べても外れはない。こちらは函館の朝市で食した三色丼。朝市だけに夜明け前の朝5時から営業を開始していて、滞在中は自然と早起きになった。

5

6

さっぽろ羊ヶ丘展望台から見たクラーク像と札幌ドーム。周辺は国の研究機関が集中しているため、宅地開発の影響を受けることはなかった。昔ながらの田園風景と近代的なスポーツ施設が、同じフレームに収まる北海道ならではの風景。

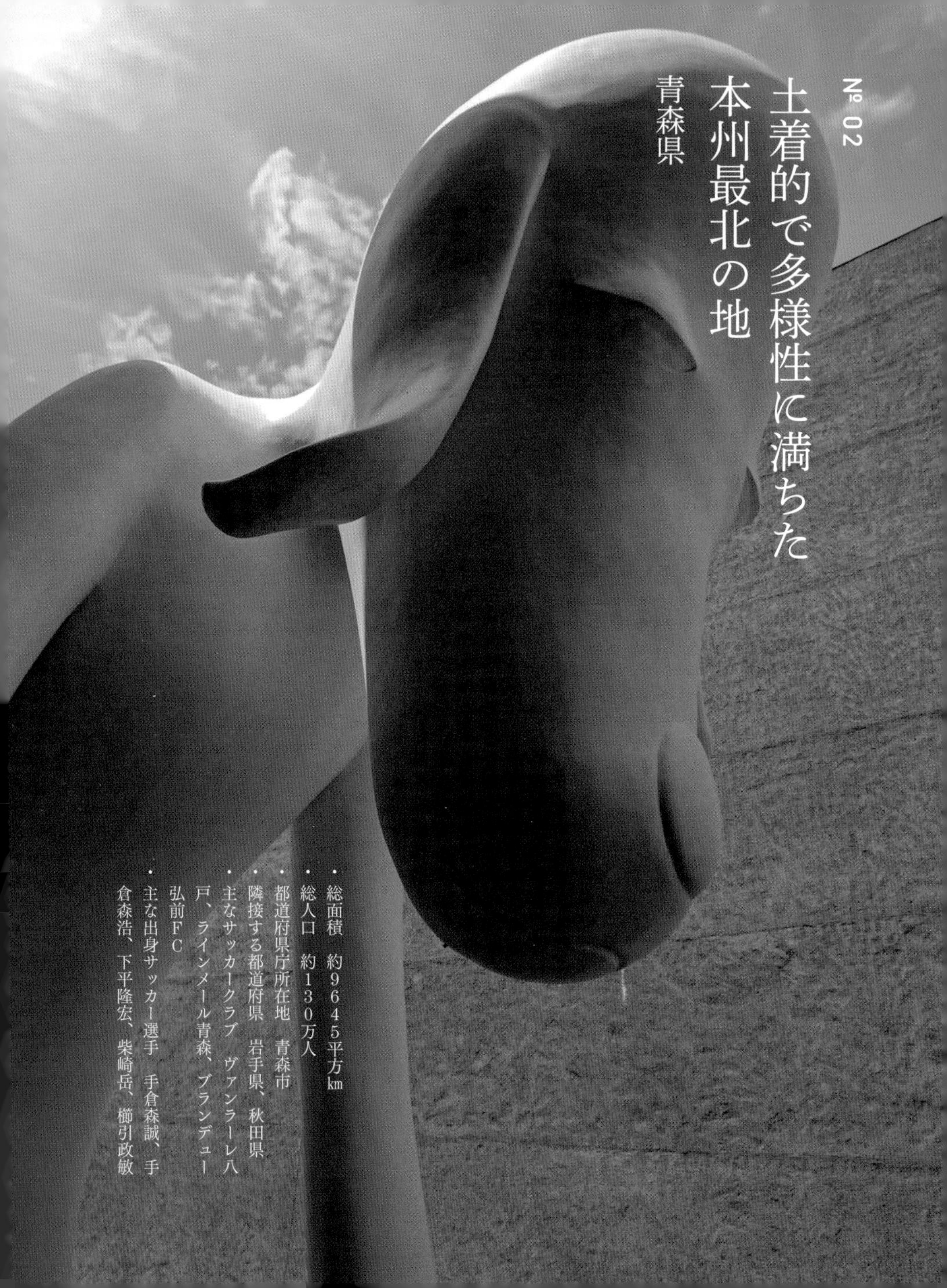

№ 02

土着的で多様性に満ちた本州最北の地

青森県

・総面積　約9645平方km
・総人口　約130万人
・都道府県庁所在地　青森市
・隣接する都道府県　岩手県、秋田県
・主なサッカークラブ　ヴァンラーレ八戸、ラインメール青森、ブランデュー弘前FC
・主な出身サッカー選手　手倉森誠、手倉森浩、下平隆宏、柴崎岳、櫛引政敏

本州最北の地に位置する青森県。フットボールファン的には、高校サッカー界の強豪で知られる青森山田を思い出す人は多いだろう。同県には現在、2つの全国リーグを戦うクラブがある。すなわち、J3所属のヴァンラーレ八戸、そしてJFL所属のラインメール青森。その名のとおり、前者は八戸市を、後者は青森市を本拠としている。

青森県について、私がまずイメージするのが「土着性と多様性」。それらを強く認識させられたのが、三内丸山遺跡の隣に位置する青森県立美術館である。屋外に展示された「あおもり犬」の作者、現代美術家の奈良美智をはじめ、版画家の棟方志功、彫刻家にしてウルトラマン生みの親でもある成田亨など、郷土が生んだ表現者たちの作品群には、ただただ圧倒されるばかりだ。

青森が生んだ才能は、もちろんアーティストばかりではない。今和次郎（建築家にして考現学の提唱者）、寺山修司（劇作家）、ナンシー関（コラムニスト）などなど枚挙にいとまがない。青森という土着的な風土に育まれながら、その表現の発露は極めて多様性に満ちている。その傾向は、果たしてフットボールに関しても同様なのであろうか。そこで県外の人間が、まず認識しなければならないのが、津軽と南部の地域対立である。

藩政時代、この地は津軽家（弘前藩、黒石藩）と南部家（盛岡藩、八戸藩）という2つの大名家が治めており、そのまま2つの文化圏として今に至っている。県外の人間からはわかりにくいが、津軽と南部とでは言葉も文化も習慣も、かなりの違いがあるのだそうだ。まずは津軽の青森市[1]から訪ねてみることにしたい。

1

2

1995年設立のラインメール青森は、全国リーグ進出では後発（2006年設立）のヴァンラーレ八戸に遅れをとったものの、県勢で初めて地域決勝（現・地域CL）を突破してJFL昇格を決めている。注目すべきは、そのエンブレム[2]。東北三大祭りのひとつ、青森ねぶた祭りがモティーフとして描かれている。ちなみにサポーターのチャントも「らっせらー、らっせらー、らっせらっせラインメール！」と、これまたねぶた祭りの掛け声を取り入れているのが面白い。

ねぶた（地域によっては「ねぷた」）とは、奈良時代に中国から伝わった七夕祭りに、津軽地方の精霊流しが一体化して生まれたとされる。もともと紙と竹で作られた灯籠が、戦後になって大掛かりなものとなっていき、大きなイノベーションが起こったのが1960年代。竹の代わりに針金を用いることで複雑な造形が可能となり、さらに光源もロウソクから蛍光灯に変わったことで、今では光り輝くねぶた[3]が主流となっている。

続いて、南部の八戸市へ。多くの人々は「青森県＝ねぶた」というイメージを抱きがちだが、実は「ねぶたを見たこともない」という八戸市民はけっこういる。当地の夏を彩るのは、国の重要無形民俗文化財にもなっている、八戸三社大祭。壮麗な人形山車[4]が20台以上、市内を練り歩くのが祭りのクライマックスである。なお、ヴァンラーレ八戸は2021年にクラブ設立15周年を記念して、人形山車がデザインされたユニフォームを発表している。

ヴァンラーレのホームスタジアム、八戸市多賀多目的運動場[5]（現・プライフーズスタジアム）がオープンしたのが2016年。まず目を引くのが、全体感とはや

3

4

や不釣り合いなメインスタンドの建造物。これは管理棟と津波避難施設を兼ねたもので、東日本大震災級の津波に見舞われた際には、逃げ遅れた避難者を受け入れられるようになっている。災害列島に暮らす、われわれ日本人の宿命を気付かせてくれるスタジアムといえよう。

八戸でヴァンラーレのホームゲームを観戦したら、夜は「みろく横丁」という屋台村でのフットボール談義がお勧め。翌日が日曜日でなければ、深酒せずに早起きして朝市[6]を訪れたい。八戸では9つの朝市が立ち、獲れたての魚介を素材にした朝食をリーズナブルに楽しむことができる。

多様性と土着性に育まれ、文化面では多彩な人材を輩出してきた青森県。けれども当地のフットボールクラブが、独自のアイデンティティを確立しているかといえば、今しばらくの熟成期間が必要だろう。ラインメールにしてもヴァンラーレにしても、地元のお祭りのビジュアルを重用することは否定しないが、それらを上回る独自の存在感を示してほしいところだ。

ヴァン太
（ヴァンラーレ八戸）

青森メシ

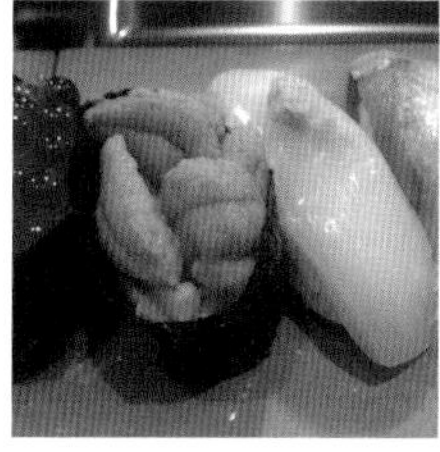

青森県の名産は、リンゴだけではない。日本海、津軽海峡、そして太平洋で囲まれているだけに、海の幸はどれもレベルが高い。青森市で食べた寿司は、高級店でなくても歴代5指に入る美味であった。

5

6

№ 03 折り鶴マスコットに込められた県民の想い

岩手県

・総面積　約1万5275平方㎞
・総人口　約121万人
・都道府県庁所在地　盛岡市
・隣接する都道府県　青森県、宮城県、秋田県
・主なサッカークラブ　いわてグルージャ盛岡、盛岡ゼブラ、FCガンジュ岩手、富士クラブ2003
・主な出身サッカー選手　八重樫茂生、菊池新吉、菊池利三、小笠原満男、山本脩斗、岩清水梓

北海道に次いで、2番目に広大な面積を誇る岩手県。同県唯一のJクラブが、いわてグルージャ盛岡である。2003年12月に「グルージャ盛岡」として設立。グルージャとはスペイン語で「鶴」を意味し、南部藩の家紋である向鶴に由来する。また「ジャ」の発音は、当地の名物、じゃじゃ麺にも通じる。こういうご当地感あふれる「わが街からJへ！」というクラブが、全国的に次々と出現したのが、2000年代半ばの地域リーグでよく見られた現象であった。

それから時は流れて2014年、グルージャは東北リーグからJFLをすっとばしてJ3に参戦。3年後の2017年には、折り鶴をモティーフにしたマスコット、キヅール[1]が爆誕する。地方のJ3クラブが、全国的な注目を集めることは極めて稀。キヅール爆誕は、サポートクラブやカテゴリーの枠を超えて、Jリーグ界隈を騒然とさせるインパクトとなった。

キヅールが注目された一番の理由を挙げるなら、やはり「マスコットの常識を逸脱したデザイン」に尽きる。これまでのマスコットは、大前提として「可愛らしさ」があり、フォルムは曲線的で質感はフワフワ、動きがアクティブというのが一般的であった。ところがキヅールの場合、折り鶴をモティーフとしているため、フォルムは直線的、質感はツルツル、可動域も極めて限定的だ。しかも、ファンに媚びるような「可愛らしさ」さえも排除してしまった。

クラブマスコットは、4つの候補からインターネットによる投票によって選ばれた。他の3体が鶴をキャラクター化したものであったのに対し、唯一の折り鶴タイプだったことで逆に人気が集中。それにしても、なぜデザイナーは生物とし

1

2

ての鶴ではなく、無生物の折り鶴を選んだのだろうか。それはクラブがこれまで、たびたび経営難や不祥事に見舞われてきたからだ。折り鶴のデザインには「これ以上の災厄がありませんように」という祈りが込められている。

マスコット開発と同じタイミングで、グルージャが着手したのがホームタウンの広域化。今では33市町村すべてをホームタウンとし、2019年からクラブ名に「いわて」を冠することとなった。そんなわけで、盛岡以外の街にも足を伸ばしてみることにしたい。まずは、柳田國男の『遠野物語』で有名な遠野市[2]。この説話集の中で、柳田は「遠野の河童は面の色赤きなり」と記している。そういえば、遠野駅前に展示してある河童も、血のような赤い色をしていた。

岩手県の人気観光スポットといえば、日本最大の民間総合農場として知られる、小岩井農場[3]。うかつにも私は、岩手県に「小岩井」という地名があるのだと思っていた。実はこの農場の共同創始者だった、日本鉄道会社副社長の小野義眞、三菱社社長の岩崎彌之助、鉄道庁長官の井上勝の名字の頭を並べたもの。雫石町と滝沢市にまたがる、3000ヘクタールもの広大な土地のうち、40ヘクタールが観光エリアとして解放されている。

「奇跡の一本松」で知られる陸前高田市[4]。2011年の東日本大震災で甚大な被害を受けた時、いち早く被災地支援に駆けつけたのが、川崎フロンターレであった。その後もフロンターレは、500キロもの距離をものともせず。陸前高田市への支援を継続。両者が友好協定を締結していたため、グルージャが遠慮する状態が1年ほど続いたが、ついに2018年に陸前高田市もホームタウンの仲

3

4

間入り。33市町村が「一岩」となって、グルージャを支えることとなった。

ラグビーの街として知られる釜石市。[5] 2019年にはラグビー・ワールドカップの試合会場となり、釜石鵜住居復興スタジアムではフィジー代表対ウルグアイ代表の一戦が行われた。同会場では、ナミビア代表対カナダ代表の試合も行われる予定だったが、台風の影響で中止。結果として釜石での試合は1試合のみとなったが、現地入りしていたカナダ代表の選手たちが泥出しのボランティアを買って出て、市民と交流する姿が世界中に報じられた。

最後は、盛岡市にあるいわぎんスタジアム。[6] グルージャが東北リーグを戦っていた時代から、何度も取材させていただいた思い出の場所だ。2020年9月に訪れた時は、たまたま小学生のサッカー大会が行われていて、マスク姿の学童たちが無言でピッチに念を送っていた。スタジアムそのものは変わっていなくても、取り巻く風景は大きく変わってしまった。子供たちの歓声が、再びピッチに戻ってくることを願わずにはいられない。

キヅール
（いわてグルージャ盛岡）

岩手メシ

岩手県のお勧めは、盛岡の地ビール「ベアレン」。設立したのは2001年と、歴史は浅いものの、古いドイツの醸造所からブリュワリーの設備を移設。本場の香りと苦味と深みを味わうことができる。

6

5

№04

パブリックイメージと県民性の絶妙なバランス感覚

秋田県

・総面積　約1万1638平方㎞
・総人口　約95万人
・都道府県庁所在地　秋田市
・隣接する都道府県　青森県、岩手県、宮城県、山形県
・主なサッカークラブ　ブラウブリッツ秋田、猿田興業サッカー部、秋田FCカンビアーレ
・主な出身サッカー選手　藤島信雄、奥寺康彦、田口光久、熊林親吾、加賀健一

秋田県のパブリックイメージとは何か？　なまはげ、あきたこまち、秋田美人、そして秋田犬あたりだろう。

Jリーグが開幕した1993年。オリジナル10に東北のクラブがない中、マスコットのモティーフに秋田犬を採用したのが、ジェフユナイテッド市原（現・千葉）だった。親会社のひとつが、東北をカバーするJR東日本だったことが、この決定を促したことは間違いない。それから21年後、秋田県をホームタウンとするJクラブが誕生することなど、当の県民さえも想像できなかっただろう。

秋田県にかほ市は、松尾芭蕉が「おくのほそ道」で訪れたことで知られるが、全国的にそれほど有名というわけではない。この地に工場を持つTDK株式会社に、サッカー部が結成されたのは1965年のこと。1985年から2シーズンだけ、JSL（日本サッカーリーグ）2部に所属したこともあったが、その後はずっと東北リーグで身の丈にあった活動を続けていた。

TDK歴史みらい館[1]には、2006年の都市対抗野球大会優勝を記念したモニュメントがある。同じ年、サッカー部も地域決勝（現・CL）に優勝。鳥海山を臨む仁賀保グリーンフィールドでは、2007年から09年までの3シーズン、JFLのゲームが開催された。その後、2008年のリーマンショックを受けて、TDKは企業チームとしての活動を停止。市民クラブへの転身を図るべく、活動拠点もにかほ市から秋田市に移すこととなった。

秋田新幹線の終着駅、JR秋田駅に初めて降り立ったのは2016年のこと。ちょうど観光プロモーションとして、木村伊兵衛が撮影した「秋田おばこ」[2]のポ

1

2

スターをあちこちで見かけた。作品のモデルは、てっきり本物の農家の娘だと思っていたのだが、実はモダン・ダンスを嗜む当時19歳の女性だったという。

意外に思われるかもしれないが、秋田はスポーツが盛んな県である。ブラウブリッツ秋田の他に、Bリーグの秋田ノーザンハピネッツ[3]、そしてラグビーの秋田ノーザンブレッツRFC。県内の人気スポーツは、まずバスケットボールで、これにサッカーとラグビーが続く。秋田県は2007年の「わか杉国体」を契機に、トップスポーツの支援やスポーツ大会の誘致に積極的だという。その目的は、スポーツを通じた交流人口の増加にあった。

秋田では、Bリーグのノーザンハピネッツの試合を観戦。間近で目にするプレーの迫力もさることながら、屋内競技ならではの派手な演出に度肝を抜かれた。もうひとつ驚いたのが、観客の中に高齢者が多く見られたこと。しかも大半が、クラブカラーのピンクのシャツを着て、実に楽しそうに応援している。周知のとおり秋田は、高齢化と人口減少、そして人口流出が急速に進んでいる。地元の行政が、プロスポーツに何を託そうとしているのか、あらためて理解できた。

TDKがブラウブリッツ秋田[4]となったのは、何も彼らが野心的だったからではない。市民クラブとなる以外に存続の道がなく、よりスポンサーとファンが集めやすい秋田市への移転を決断するほかなかった。

ノーザンハピネッツに比べると、J3時代のブラウブリッツは、いささか地味な印象が拭えない。そんな中でクラブは、限られた予算でファンを魅了する、独自のスタイルを模索するようになる。選手選考では、走れて戦えてコミュニケー

4

3

ションが取れることを重視。その上で、粘り強く守備ができて、チャンスになれば一気にゴールに迫る「秋田スタイル」を確立させた。

厳しい冬を耐え忍び、夏の祭りで弾ける県民性にも合致した「秋田スタイル」。それは、監督が替わっても引き継がれ、多くのブラウブリッツのサポーター[5]からも支持された。そして2020年には、J3無敗優勝とJ2昇格を達成。翌21年には、秋田犬をマスコットに選んだオリジナル10のクラブと、同じカテゴリーで戦うこととなった。

最後に、クラブマスコットについて。秋田犬を押さえられても、秋田にはなまはげがある！　エンブレムにも描かれているので、刃物を振り回すマスコットの爆誕を期待していたのだが、県内の龍神伝説にちなんだブラウゴン[6]が2011年に発表された。サッカーのスタイルは県民性を意識しつつ、マスコットはパブリックイメージに依拠しない。そこに、ブラウブリッツというクラブの絶妙なバランス感覚を、見る思いがする。

ブラウゴン
（ブラウブリッツ秋田）

秋田メシ

秋田名物は数あれど、サッカー観戦とセットで考えるなら、ソユースタジアム近くにある「らーめん萬亀」がお勧め。豚骨と鶏ガラをベースにしており、シンプルかつ濃厚な味わいは実に秋田らしい。

5

6

№05

「杜の都」からあえて寄り道してみる

宮城県

・総面積　約7282平方km
・総人口　約229万人
・都道府県庁所在地　仙台市
・隣接する都道府県　岩手県、秋田県、山形県、福島県
・主なサッカークラブ　ベガルタ仙台、ソニー仙台FC、コバルトーレ女川、七ヶ浜SC、マイナビ仙台レディース
・主な出身サッカー選手　加藤久、鈴木淳、加藤望、大槻毅、千葉直樹、今野泰幸、萬代宏樹、小畑裕馬

宮城県の県庁所在地、仙台市は東北を代表する都市でもある。県と県庁所在地の名前が一致しない場合、多くのJクラブは後者をクラブ名に選択する。名古屋グランパス（愛知県）、ヴィッセル神戸（兵庫県）、ヴァンフォーレ甲府（山梨県）、ツエーゲン金沢（石川県）、そしてベガルタ仙台。逆に「愛知グランパス」とか「ベガルタ宮城」だと、ピンと来ないだろう。

われわれサッカーを取材する人間にとっても、宮城県で訪れる機会があるのは仙台、あるいはたまに代表戦が行われる利府くらい。しかし２０１１年に発生した東日本大震災は、多くのサッカーファンがそれら以外の土地にも目を向け、現地に暮らす人々の身を案じ、支援活動に駆けつける契機となった。石巻、女川、閖上（ゆりあげ）、そして牡鹿――。そんなわけで「杜の都」だけではない、宮城県の「フットボールのある風景」をご紹介することにしたい。

旅の起点は、やはりユアテックスタジアム仙台[1]となる。仙台駅から地下鉄南北線で9駅目の泉中央駅で下車。徒歩5分で目的地に到着する。ここはベガルタだけでなく、ＪＦＬ所属のソニー仙台ＦＣのホームゲームも開催される。

ベガルタほど全国的には知られていないが、ソニー仙台にも震災をめぐるさまざまなドラマがあった。多賀城市にある本社は甚大な津波被害を受け、まさに「サッカーどころではない」状況。それでも特例で後期リーグからの途中参加が認められ、アウェイの際には対戦相手のサポーターから歓迎と励ましの拍手を受けていた。その年は、かろうじて残留。その後もソニー仙台は、ＪＦＬを代表する企業チームとして活動を続けている。

1

2

震災発生から2カ月後、ＪＦＡ復興支援特任コーチとなった元日本代表、加藤久さんへの同行取材で宮城県の被災地を回った。石巻市[2]には、漫画家の石ノ森章太郎の記念館「石ノ森萬画館」がある。ロボコン、サイボーグ００９、仮面ライダー、さるとびエッちゃんにロボット刑事Ｋ。津波被害の爪痕が生々しく残る中、天才漫画家が生み出したヒーローやヒロインたちが立ち尽くす光景は、まさに奇跡そのものに感じられた。

宮城郡利府町には、２００２年ワールドカップの会場となった宮城スタジアム[3]がある。日本代表「終戦の地」となって以降、アクセスの悪さから顧みられることがなかったが、震災直後は復興支援活動の重要な拠点となった。もうひとつ特筆すべきが、震災翌年の２０１２年8月にＵ－20女子ワールドカップの会場となったこと。前年の女子ワールドカップで、なでしこＪＡＰＡＮが優勝した余熱もあり、宮城スタジアムにも９０００人以上の観客が詰めかけた。なお、この大会でヤングなでしこは3位となっている。

２０１８年1月、雪が降り積もった松島フットボールセンター[4]にて「東北人魂カップ」を取材。その中でもひときわ目立っていたのが「東北人魂を持つＪ選手の会」の発起人、元日本代表の小笠原満男である。隣県の盛岡市出身の小笠原だが、オフシーズンの貴重な時間を使って宮城県の被災地にも足を運び、地元のサッカー少年たちとの息の長い交流を続けている。

加藤久さんに続いて、宮城県の水先案内人となってくれたのが、日本代表サポーターと被災地支援の活動を続けている、ちょんまげ隊長のツンさん。ツンさんの

3

4

運転する車から見えた、牡鹿半島[5]の海と空の何と荘厳なことか！　いずれまた、地震と津波が来ることは百も承知で、それでも海との共生を選ぶ人は常に存在する。都会に住まう人間であっても、この息を飲むような美しさを目にすれば、その理由の一端に触れたような気分になる。

最後に紹介するのは、女川町。東北リーグ1部所属、コバルトーレ女川の本拠地には、高さ19メートルの大津波が押し寄せ、人口の8％と住家の66％が一瞬にして失われてしまった。それでも地元の人々は復興にあたり、あえて港に堤防は作らず、高台に逃げられる街づくりを選択。こちらも「海との共生」を続ける決断をしている。

海沿いに作られた商業施設、シーパルピア女川[6]を中核とするコンパクトな街づくりは、人口減少が続く地方都市に重要な示唆を与えているように感じられてならない。そして女川には、遠征好きなフットボールファンを感動させる要素が、たくさん詰まっている。機会があれば、ぜひ訪れてほしい。

ベガッ太
（ベガルタ仙台）

宮城メシ

宮城県でのお勧めは、シーパルピア女川の飲食エリア。地元の海産物を使った和食はもちろん、ラーメンや焼肉のクオリティも高い。どの店もハズレがないので、何日でも滞在したくなるくらいだ。

5

6

上／青葉城公園から仙台市内を見下ろす、威風堂々とした伊達政宗騎馬像。　下／ユアスタの魅力はアクセスの良さだけでない。周辺を流れる七北田川と豊かな緑地、2万人弱のスタンドと4面を囲む屋根、そして何といってもピッチの近さ！

№06 人口6万人の小さな街にもたらされた国体のレガシー

山形県

・総面積　約9323平方km
・総人口　約106万人
・都道府県庁所在地　山形市
・隣接する都道府県　宮城県、秋田県、福島県、新潟県
・主なサッカークラブ　モンテディオ山形、大山クラブ、三川SC
・主な出身サッカー選手　佐々木則夫、渡部博文、土居聖真、神谷優太、半田陸

山形県は、他の東北5県に比べて「印象が薄い」というのが、個人的な感想である。たとえば岩手の「宮沢賢治」とか、青森の「ねぶた」とか、あるいは秋田の「なまはげ」のような、誰もが知っているアイコンに乏しい。さくらんぼや米沢牛といった特産品もあるにはあるが、いささかパンチに欠ける感は否めない。

山形といえば、伝説的なＮＨＫの朝の連続ドラマ『おしん』や、スタジオジブリ制作のアニメ『おもひでぽろぽろ』の舞台として知られている。だが、県を挙げて地域おこしに活用している形跡は見られない。蔵王とか山寺とか銀山温泉とか、観光資源には恵まれているものの、いずれも私には縁遠い世界であった。

さて、モンテディオ山形の前身であるＮＥＣ山形サッカー部は、１９８４年に同好会として創部。当初の本拠地は、山形市ではなく鶴岡市であった。１９９０年に東北リーグに昇格すると、翌91年に山形市に移転。１９９２年に地元で開催された「べにばな国体」に向けて強化されることとなる。

そして１９９３年、東北のクラブとして初めて旧ＪＦＬ（ジャパンフットボールリーグ）に昇格。１９９６年に将来のＪリーグ入りを目指して、現在のモンテディオ山形となった。

モンテディオのホームゲームは山形市ではなく、将棋の駒の産地として知られる天童市[1]で開催されている。天童市の人口は約６万２０００人。隣接する山形市（約25万５０００人）と比べると随分と小ぢんまりとした印象を受ける。しかし以前は、Ｖリーグのパイオニアレッドウィングスや楽天イーグルスの２軍も、天童市を本拠地としていた（前者は２０１４年に解散、後者は15年に撤退）。

2

1

モンテディオのホームスタジアム、NDソフトスタジアム山形[2]は、なぜ人口が少ない天童市にあるのか？　それは「べにばな国体」のメイン会場誘致の際、天童市が山形市に競り勝ったためだ。県内唯一のJクラブが、ホームゲームの会場を最初から県庁所在地以外に置いた例は、実はそれほど多くはない。徳島（鳴門市）、香川（丸亀市）、長崎（諫早市）、宮崎（児湯郡新富町）くらいである。

1999年に開幕したJ2のオリジナルメンバーとして、晴れてJクラブとなったモンテディオに、待望のマスコットが誕生したのは2006年のこと。ユニークなことに2体あり、血縁関係のない同性同士の凸凹コンビであった。このうち巨漢タイプが、出羽三山出身のモンテス[3]。どう立体化するのかと思っていたら、エア遊具として子供たちの人気者になっていた。

そして小兵タイプがディーオ[4]。「山形県の県獣であるカモシカの姿を借りた軍神」という設定で、涼しげな瞳と3本角が特徴。機動性に乏しい相棒の代わりに、アクティブな動きでファンサービスに従事しており、他サポからの人気も高い。クラブマスコットがなぜ2体になったのか、その経緯についてはここでは深掘りしないが、結果として上手く役割分担ができていることは評価したい。

NDスタジアムがある山形県総合運動公園は、国体のレガシーとして今も県内随一のスポーツコンプレックスであり続けている。陸上競技場の他にも、野球場や総合体育館、さらにはテニスコートや屋内プールも完備。ちなみに陸上競技場のこけら落としは、キリンカップの日本代表対タイ代表で1991年6月2日に開催された。人口が10万人に満たない地方都市での代表戦は、今となっては

3

4

夢のような話である。

国体が開催された当時、天童市で定期的にJリーグの試合が行われることなど、県民の誰もが想像できなかったことだろう。1995年には、将来のJリーグ開催を想定して芝生席を座席椅子に改め、さらには照明設備や電光掲示板も段階的に設置された。とはいえ、屋根なし陸上トラックありの国体スタジアム[5]は、いかにも時代に取り残された感は否めない。いずれは山形市に新スタジアムが作られ、モンテディオが天童から離れるといううわさもあったが、やがて立ち消えとなった。

思えばNDスタジアムでの取材後は、どこにも観光せずに新幹線で帰京することが多い。それでも一度だけ、余目駅から新庄駅まで「奥の細道最上川ライン」で南下した時には、最上川と鳥海山の美しさ[6]に思わず息を飲んだ。

山形が「印象が薄い」と感じていたのは、結局のところ、忙しさにかまけていた自分自身に問題があったようである。

ディーオ
（モンテディオ山形）

山形メシ

天童で宿泊する時、必ず立ち寄るのが「水車そば」というお店。人気メニューは「元祖鳥中華」だが、個人的には「板そば」がお勧め。挽きぐるみ100%のそば粉を用いた、伝統的なそばを提供している。

6

5

№ 07

「3・11」以降の2クラブとJヴィレッジをめぐる物語

福島県

・総面積　約1万3784平方km
・総人口　約183万人
・都道府県庁所在地　福島市
・隣接する都道府県　宮城県、山形県、茨城県、栃木県、群馬県、新潟県
・主なサッカークラブ　福島ユナイテッドFC、いわきFC、FCプリメーロ、バンディッツいわき、JFAアカデミー福島
・主な出身サッカー選手　影山雅永、高倉麻子、時崎悠、時崎塁、高萩洋次郎、遊佐克美

２０１１年の東日本大震災では、甚大な被害を被った福島県。現在、福島ユナイテッドＦＣがＪ３で、そしていわきＦＣがＪＦＬで、それぞれ活動している。震災から10年となった２０２１年は、フットボールを絡めながら当時を振り返る報道も少なくなかった。もちろん意義は認めるが、後付け的な記憶の修正には注意が必要だ。震災被害が甚大だった東北３県のうち、当時Ｊクラブがあったのは宮城県のみ。岩手県と福島県には、地域リーグ所属のクラブがあるのみで、震災直後に彼らが注目されることはなかった。

福島県に関して言えば、ユナイテッドは前年から続く経営危機を乗り越えようとしていた矢先でのアクシデント。いわきＦＣについては、現在の体制になるのは２０１５年で、震災の年には前身となるチームさえ存在していなかった。

47都道府県で３番目の広さを持つ福島県は、３つの地域に分かれている。越後山脈と奥羽山脈に挟まれた、会津。奥羽山脈と阿武隈高地に挟まれた、中通り。そして、阿武隈高地と太平洋に挟まれた、浜通り[1]である。先の震災で最も甚大な被害を被ったのが、Ｊヴィレッジがある浜通り。あの日、想定をはるかに超える津波に襲われ、悪夢のような原発事故を引き起こすこととなった。

フットボールという観点から福島と震災を語るならば、まずはナショナルトレーニングセンター、Ｊヴィレッジ[2]にアプローチする必要がある。

震災から３年後の２０１４年、そのＪヴィレッジを取材する機会を得た。除染作業は陽がある間しか行えないため、作業員は早朝に出勤して16時には作業を終えて帰っていく。この時の取材の窓口は、ＪＦＡではなく東京電力。あらた

2

1

めて、施設が国の管轄下に置かれていることを実感する。なお、Jヴィレッジを拠点に活動していた東京電力女子サッカー部マリーゼは、原発事故により活動を自粛。2011年9月28日に正式に休部（実質的な解散）を発表した。

東北リーグ1部で活動していた、福島ユナイテッドFC[3]もまた、震災直後は存続の危機の只中にあった。スポンサーが相次いで撤退し、原発事故も収束の見通しが立たず、選手7人がチームを離れた。

もしもトップチームのみの活動だったら、そのままユナイテッドは解散していたかもしれない。しかし彼らは、震災以前から地道なスクール活動を続けていた。「避難所にいたスクールの子供から『ユナイテッド、なくなっちゃうの？』と涙ながらに訴えられて、踏みとどまる決断をしました」と語るのは、ユナイテッドの鈴木勇人社長である。

ユナイテッドのホームスタジアム、とうほう・みんなのスタジアム[4]は、中通りの福島市内にある。これまで交流が限られていた、浜通りと中通りと会津の人々を「ひとつにする存在でありたい」――。「ユナイテッド」というクラブ名には、そんな思いが込められている。一方、震災後の浜通りでは、新たなクラブが全国的な注目を集めていた。

いわきFCは、アンダーアーマーの日本における総代理店、株式会社ドームの全面的なバックアップにより誕生。豪華なクラブハウスや練習施設など、派手なイメージばかりが先行しているが、実は「地域の雇用創生」が契機となっていることは、あまり知られていない。

4

3

震災から4年後の2015年、いわき市内に「ドームいわきベース」という物流センターを建設。選手はそこで働きながら、肉体改造とサッカーに励んでいる。福島県2部から毎年昇格を繰り返し、ついに2020年にJFLに到達。今は天然芝のグラウンドでホームゲームを開催しているが、それまでは「Jリーグも人工芝での試合開催を認めてほしい」という、独自の主張を繰り返してきた。

実際、いわきFCフィールド[5]は人工芝だが、従来のゴムチップではなく、ココナッツやコルクなどの天然素材を使用している。そのため、暑い夏でも過熱しない「人と地球にやさしいフィールド」。人工芝はメンテナンスも簡便であるため、トレーニングがない日は一般にも開放されている。

そんないわきFCが、全国リーグへの扉を開いた舞台が、あのJヴィレッジ。2019年4月20日に全面再開となり、同年の地域CL決勝ラウンド[6]の会場となった。この大会に優勝してJFL昇格を決めた、いわきFCの快挙もさることながら、Jヴィレッジに歓声が戻ったことにも深い感慨を覚える。

福嶋火之助
（福島ユナイテッドFC）

福島メシ

「NISHI's KITCHEN」は、日本代表の料理人、西芳照シェフのお店。目の前で西さんの包丁さばきを眺めながら、食を楽しむことができる。現在は「鹿島ショッピングセンターエブリア」にて営業中。

5

6

普段は福島市内のとうスタで活動する福島ユナイテッドFCだが、年に一度は会津若松市のあいづ陸上競技場、そして郡山市の西部サッカー場でもホームゲームを開催する。福島県をひとつにする壮大なプロジェクトは始まったばかりだ。

コラム❶

公共交通機関での「一期一会」の楽しみ

物心ついてから、ずっと東京で暮らしているからだろうか。昔から「車を持とう」とか「車で移動しよう」という発想が皆無であった。よって、地方都市での取材時も「車を極力使わない」ことを常に心掛けている。

もちろん、車がなければ到達できない取材現場というものは、いくらでも存在する。その場合、まず考えるのは「誰かの車に乗せてもらう」。それが難しい場合は、断腸の思いで「タクシーを利用する」。少なくとも「レンタカーで自走する」という選択肢は、私の場合、最初から除外されている。

いちおう免許証は持っているが、運転は大の苦手。今から12年前、レンタカーでアメリカの各都市を移動した経験はあるのだが、あの時は大袈裟でなく、常に「死と隣合わせ」の取材であった。あんな怖い思いは、金輪際したくない。

チームカラーのバスに乗って

あれ以来、私の免許証は「便利な身分証明書」でしかない。その間、何度か「自分で運転できたら」と思ったこともある。が、ある程度のドライビングテクニックを身に付けたとして、確実に失われるものがあることに気付いた。それは何かといえば「移動を楽しむ」感覚である。

あくまで運転が下手な私の観点で言えば、車による自走は「距離を支配する」ことであるのに対し、公共交通機関の利用は「距離を受け入れる」こと。そして、その境地に達すると「移動を楽しむ」ことも可能となる。

公共交通機関というものは、地方に行けば行くほど不便なもの。そしてスタジアムの所在地もまた、地方に行けば行くほど不便な場所にある。まさに、不便の2乗。それでもサポーターはクラブ愛ゆえに、そうした艱難辛苦を乗り越えて「敵地」を目指す。

取材者である私の場合、不便を「苦痛」と感じることはあまりない。不便さというのは、忙しい人ほど「時間のロス」とか「効率的でない」と切り捨てたがる傾向がある。けれども写真家である私にとって、それらは格好の取材や撮影のチャンスだったりするのである。

私の場合、キックオフ前に無事に現場に到着していれば問題なし。時間に余裕をもって出発して、待ち時間の間はＰＣを開いて仕事をしていればいい。駅やバス停での待ち時間、あるいは車中での移動時間は、その土地の空気感を摂取する貴重な機会でもある。

Ｊリーグの試合でもなければ、列車やバスの乗客は基本的に地元民ばかり。彼らの何気ない日常会話、あるいは服装や行動様式といったものは、その土地を理解するヒントを与えてくれる。登校や部活帰りの学生たちを、迷惑にならない程度に観察するのも楽しい。

そんな中、とりわけ私が大切にしているのが「一期一会」の感覚である。

その土地の公共交通機関を利用する時、いつも考えることがある。「次回、この路線を利用するのはいつだろう？」と。それは裏を返せば「これが最後なのかもしれない」という諦念

でもある。旅先での試合会場への道のりは、私にとっては常に「一期一会」。カンプ・ノウヤマラカナンに向かう道のりと、何ら変わることはない。そして時に、スタジアムへの移動プロセスが、試合内容以上に記憶に残ることも、よくある話だ。

もうひとつ見逃せないのが、地方都市の公共交通機関に内在する、非日常的な魅力。2両編成のワンマン車両とか、山道を喘ぎながら登るディーゼル車とか、あるいは街中を優雅に走り抜ける路面電車とか——。

それらは、都会の満員電車ばかりに乗っている人間に、異次元級の感動を与えてくれる。私は「鉄ちゃん（鉄道ファン）」ではないが、全国津々浦々で取材を続けているうちに「乗り鉄」の心情というものが、それなりに理解できるようになった。

大量の仕事を抱えながら、取材費を全額負担してもらっていた頃の私は、スピードと効率性を常に最優先で考えていた。なるべく直線距離でスタジアムを目指し、試合が終われば執筆に集中できる場所まで脇目も振らずに移動する。以前の地方取材は、その繰り返しであった。

今にして思えば、随分と余裕がなく、もったいないことをしてきたと思う。

キャリアハイの時代を終えた

アンパンマンと街の景色が楽しめる！

今、経費が出る仕事も激減したが、ひとつひとつの旅を楽しむ余裕が生まれ、スタジアムへの道のりにも彩りが感じられるようになった。どちらが私にとって幸せか、もはや言わずもがなであろう。

一方で、公共交通機関での移動は、時に地方都市の現実というものを私に突きつける。たとえば高知県にある、県立春野総合運動公園陸上競技場。令和になって、久々に訪れてみると、高知駅からのバス路線が廃止となっていた。理由は「利用者の減少」。その原因は（お察しの通り）高齢化と人口流出の影響である。

東京の暮らしの中では、なかなか気付きにくい、地方都市の現実。現地の電車やバスを極力活用し、膨大な待ち時間を経験したからこそ、それらを実感することができた。

つまるところ「47都道府県のフットボールのある風景」とは、スピードや効率性とは無縁の旅の先にこそ、得られるものなのだと思う。

№08

鹿行地域と水戸市 それぞれの土地が持つ「ストーリー」

茨城県

・総面積　約６０９７平方km

・総人口　約２８６万人

・都道府県庁所在地　水戸市

・隣接する都道府県　福島県、栃木県、埼玉県、千葉県

・主なサッカークラブ　鹿島アントラーズ、水戸ホーリーホック、流通経済大学ドラゴンズ龍ヶ崎、流通経済大学ＦＣ、ジョイフル本田つくばＦＣ

・主な出身サッカー選手　鎌田光夫、宮本征勝、浅野哲也、鈴木隆行、本間幸司、曽ヶ端準、塩田仁史、野沢拓也、カレン・ロバート、上田綺世

24
30
20

茨城と書いて「いばらき」と読む。茨城県について、フットボールファンがまずイメージするのが、鹿島アントラーズだろう。県庁所在地の水戸市には、水戸ホーリーホックがある。しかしカテゴリーが上位で、Jクラブ最多タイトル数を誇るアントラーズには、どうしても知名度で劣っているのが実情だ。

茨城県のパブリックイメージといえば、やはり「(水戸)納豆」「黄門様」「偕楽園」。いずれも水戸市に関連するものであり、アントラーズを第一に挙げるのはフットボールファンくらいである。フットボールファンか否かで、これほどイメージが異なる県というのも珍しい。

茨城県は他の都道府県と異なり、県庁所在地から随分離れた土地に、最初のJクラブが誕生した。そのホームタウンは、工業地帯の鹿島町(現・鹿嶋市)をはじめとする鹿行地域。これらの地域は、企業城下町でありながら娯楽が少なく、若者たちが転出してしまう地域課題を抱えていた。

そのソリューションとして、地元の企業と自治体が期待したのが、新設されるプロサッカーリーグへの参加。全面屋根付きサッカー専用スタジアムを作り、ブラジルからジーコ[1]を招聘し、クラブが結果を残すことで地域へのロイヤリティが生まれ——。こうした「サッカーで町おこし」というロールモデルを、最初に確立させたのがアントラーズであり、茨城県だったのである。

アントラーズがホームゲームを行うのは、茨城県立カシマサッカースタジアム[2]。前身の住友金属蹴球団が、Jリーグのオリジナルメンバーに滑り込むために、サッカー専用スタジアムを建設したのは有名な話だ。当初は1万5000

2

1

人収容だったが、２００２年ワールドカップ開催に合わせて大規模改修が行われ、2層式スタンドを持つ4万１８００人収容の施設に生まれ変わった。

カシマサッカースタジアムを訪れれば、ジーコ像[3]やレジェンドたちの足型など、歴史を感じさせるモニュメントを、そこかしこで目にする。私の記憶では、これらは20世紀の間にすでに存在していた。それまで「工場以外は何もない」と揶揄されてきた土地に、Jリーグ開幕が契機となって一気に歴史化されていく。そのプロセスもまた、他のホームタウンでは見られない稀有な事例である。

カシマサッカースタジアムに弱点があるとすれば、いささかフットボールオリエンテッドに過ぎるということだ。Jリーグであれ代表戦であれ、東京からだと日帰り取材が基本。ゆえに東京駅八重洲口から出るバスで直行し、試合が終われば東京に戻るバスにダッシュ、ということを繰り返していた。

サッカー観戦と観光の両方を楽しみたいなら、むしろ水戸市のほうがお勧めである。JR水戸駅を降りると、まず出迎えてくれるのが、助さん格さんを従えた水戸黄門像[4]。駅前は偕楽園や弘道館、水戸芸術館といった観光スポットへの起点であり、ケーズデンキスタジアム水戸（Ｋｓスタ）へのシャトルバスも出ている。

徳川御三家のひとつ、水戸藩が創設された土地ゆえに、人口も多く文化面でも経済面でも成熟していた水戸市。しかし市民は必ずしも、鹿行地域のようにフットボールを熱望していたわけではなかった。２０００年、晴れてJクラブとなった水戸ホーリーホックだったが、地元の理解も熱量もなかなか得られず、しばらくは厳しい経営が続くこととなった。

3

4

誤解を恐れずに言えば、水戸ホーリーホックの歴史は「まっとうなクラブになるための挑戦の連続」であったと言える。会社組織としてのガバナンスしかり、クラブの予算規模しかり、スタジアムの集客しかり、選手のトレーニング環境またしかり。クラブマスコットのホーリーくん[5]も、かつてはボロボロの状態で「治療費」のカンパが行われたほどである。

そんな水戸ホーリーホックも、ここ数年は攻めの姿勢を鮮明にしている。その端的な例が、城里町に2018年にオープンしたクラブハウス兼トレーニング施設のアツマーレ[6]。廃校となった小学校をリフォームした、この施設については、Jリーグの村井満チェアマンも大絶賛していた。

県庁所在地で商圏内の人口が多くても、すんなりJクラブが受け入れられるわけではない。むしろ、その土地がJクラブを持つ「ストーリー」こそが、重視されるべきではないか。茨城県の2つのJクラブの歩みは、さまざまな示唆を私たちに与えてくれる。

しかお
（鹿島アントラーズ）

茨城メシ

カシマサッカースタジアムではスタグルが充実。モツ煮込み、ハム焼き、ハラミ飯などが人気だ。水戸市内は鰻の名店が多いので、一度は試していただきたい。そしてお土産は、水戸納豆の一択である。

5

6

上／鹿島アントラーズのゴール裏に掲げられる、巨大な星をかたどったフラッグ。Jリーグ最多タイトル数のプライドが見事に表現されている。　下／水戸市にあるKsスタ。ブルーのトラックとスタンド、そして青空のハーモニーが美しい。

№ 09

「ランキング最下位」が不当に思える魅力的な県

栃木県

・総面積　約6408平方km
・総人口　約193万人
・都道府県庁所在地　宇都宮市
・隣接する都道府県　福島県、茨城県、群馬県、埼玉県
・主なサッカークラブ　栃木SC、栃木シティFC
・主な出身サッカー選手　松本育夫、原博実、小泉淳嗣、黒崎久志、上野優作、米山篤志、若林学、安藤梢、近藤直也、富田晋伍、鮫島彩、蜂須賀孝治、富山貴光

２０２０年に発表された、47都道府県の魅力度ランキングにおいて、47位という結果に終わった栃木県。それまで7年連続最下位だった茨城県（42位）にも抜かれてしまい、県関係者の衝撃はいかばかりであっただろう。

果たして栃木は、本当に魅力のない県なのだろうか？　そういえば、栃木ＳＣのホームゲームを取材する際は、新幹線とバスで往復するのみ。取材後は餃子をさくっと食べて、さっさと東京に戻っていた。

つまり魅力のあるなしを語る以前に、あまりにも栃木県のことを知らなかったのである。ここはひとつ、県内のスタジアムをめぐりながら、栃木県の魅力を探し求めることにしたい。

まずは栃木ＳＣサポにとって聖地といえる、[1]栃木県グリーンスタジアム（グリスタ）から。宇都宮駅からのアクセスには多少の難はあるものの、シャトルバスによるピストン輸送はスムーズなので、それほどストレスを感じることはない。むしろ球技専用の観やすさ、そして夕暮れ時の空の美しさも一見の価値あり。

栃木ＳＣがＪクラブとなった２００９年以降、たびたびグリスタは改修工事が行われており、３年後の12年にはＪ１基準を満たすこととなった。だが、ここに来て「ホームスタジアム移転」のうわさが囁かれるようになる。

[2]カンセキスタジアムとちぎは２０２０年、グリスタと同じ宇都宮市内にオープンした。最寄り駅は東武鉄道西川田駅で、徒歩15分ほどの好立地にある。２０２２年に開催される「いちご一会とちぎ国体」のメイン会場として建設されたため、トラック付きではあるものの、全席に屋根がめぐらされている。収容

2

1

人数も2万５２４４人と、グリスタよりも７０００人多い。

もしも栃木ＳＣがカンセキをメインとした場合、どんな影響が考えられるだろうか？　グリスタでの試合は、宇都宮駅から新幹線で直帰となりがちだが、これがカンセキになると、東武鉄道を乗りこなして観光を楽しむアウェイサポが増えそうな気がする。

東京、埼玉、千葉、群馬、栃木の1都4県をカバーしている東武鉄道は、意外と利用価値が高い。カンセキのある西川田駅からだと、東武宇都宮線と日光線を乗り継げば、2時間弱で東武日光駅に到着。そこからバスに10分乗車すれば、ユネスコ世界遺産にも登録されている、日光東照宮[3]にアクセスできる。

東武日光駅から特急「けごん」に乗車して40分で栃木駅に到着。人口およそ15万人の栃木市[4]は「小江戸」とも呼ばれ、市内を流れる巴波(うずま)川を利用した舟運、そして日光東照宮に派遣された、朝廷からの使者が立ち寄る宿場町として栄えた。戦時中も空襲を免れたため、江戸や明治の時代から続く蔵や商家などが数多く残っており、市の重要な観光資源にもなっている。ちょうど訪れた時は、こどもの日が近かったこともあり、巴波川には色とりどりの鯉のぼりが揺らいでいた。

栃木駅からＪＲ両毛線で3つ目の佐野駅で下車。栃木市ほどではないが、佐野市[5]でも古めかしい商家を時おり見かける。明治時代の薬屋を改装して、昭和の初めに開業したという和菓子屋にて、味噌まんじゅうを購入。お土産にしたら、家人に大変喜んでもらえた。こうした、ささやかな発見を楽しめるところに、栃木本来の魅力があるのではないだろうか。

3

4

最後に、フットボールファン向きの新たな観光スポットを紹介しておきたい。最寄り駅は、両毛線の栃木駅と佐野駅の間にある岩舟駅。何とも時代がかった駅舎は、短編アニメ『秒速5センチメートル』の舞台にもなっている。そのすぐそばには、霊山として知られる岩船山。独特の切り立った形状は、江戸時代から始まった岩船石の採掘によるものだという。その後、2011年の東日本大震災の影響で山肌が崩れて、さらに奇観を呈することとなった。

岩舟駅から車で10分ほどの場所に、栃木シティFCのホームスタジアム、CITY FOOTBALL STATION[6]がある。2021年にオープンしたばかりで、収容人数は5129人。立派な照明設備と大型スクリーン、よく管理された天然芝、さらにはグッズショップやプレスルームやVIPルームも完備。フットボールファンの心をくすぐる仕掛けが満載のスタジアムだ。

栃木シティは現在、関東リーグ1部所属。この野心的なクラブがJリーグに到達すれば、いずれ栃木でも魅力的なダービーが実現することだろう。

トッキー
（栃木SC）

栃木メシ

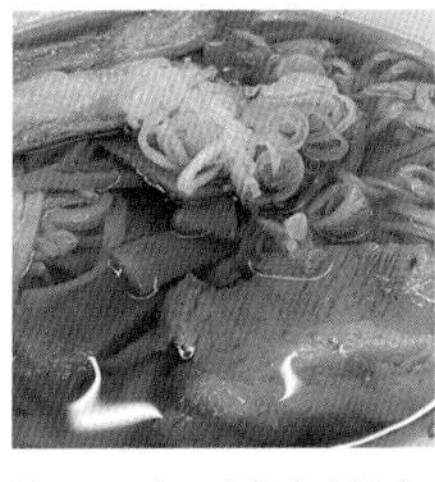

餃子は、実は宇都宮市限定。栃木を代表するご当地グルメといえば、やはり佐野ラーメンである。青竹に体重をかけて延ばして作られる平麺、そしてコクのあるスープとシンプルな具材が特徴だ。

6

5

№10 Jクラブを生んだ温泉街で黎明期の原風景に出会う

群馬県

・総面積　約6362平方km
・総人口　約192万人
・都道府県庁所在地　前橋市
・隣接する都道府県　埼玉県、新潟県、長野県、栃木県、福島県
・主なサッカークラブ　ザスパクサツ群馬、ザスパ草津チャレンジャーズ、tonan前橋
・主な出身サッカー選手　藤口光紀、小島伸幸、山口素弘、鳥居塚伸人、松田直樹、茂原岳人、青木剛、石原直樹、細貝萌、高橋秀人、青木拓矢

群馬県といえば、一般の人がイメージするのが温泉。草津温泉や伊香保温泉など、いずれも全国的な知名度を誇っている。では、群馬県のフットボールといえば？　まず思い浮かぶのが、Ｊ２所属のザスパクサツ群馬。そして高校サッカーでは、前橋育英と前橋商業である。

群馬のサッカーは、県庁所在地の前橋市ばかりに注目が集まるが、県内最大の人口を誇る高崎市には、かつてＪＦＬ所属のアルテ高崎というクラブがあった。残念ながら２０１１年に解散してしまったが、もしも前橋と高崎にＪクラブが共存していたら、県内のサッカーは違った発展を遂げていたかもしれない。

県内の観光スポットをハシゴするなら、起点となるのは上越新幹線と北陸新幹線が分岐する高崎駅。ここから世界遺産の富岡製糸場[1]に向かうには、群馬が全国に誇る上信電鉄を利用する。「上野鉄道」の名で開業したのは１８９５年（明治28年）。現存する日本の私鉄路線では3番目、東日本では最古の歴史を誇る。

富岡製糸場が、日本初の本格的な器械製糸工場として開業したのは、１８７２年（明治5年）のこと。維新からわずか5年というタイミングから、発足間もない明治政府の並々ならぬ期待感が窺えよう。

この歴史的遺構は、第2次世界大戦での空爆被害を受けることなく戦後も命脈を保ち、昭和末期の１９８７年まで操業を続けた。廃業後、一般公開されるようになったのは２００５年から。すぐさま県内を代表する観光資源となり、２０１４年には世界遺産に認定された。

高崎まで戻って、今度はＪＲ信越本線で群馬八幡駅へ。そこから徒歩20分ほ

2

1

どで、高崎名物の縁起だるまで有名な少林山達磨寺[2]に到着する。ここに奉納されているだるまは、祈願成就で両目の入ったものばかり。これだけの数が密集していると、何とも名状し難い迫力がある。当地のだるま作りは、２５０年ほどの歴史があるが、生産量が一気に高まったのは江戸末期。貴重な赤の顔料が、海外から輸入されるようになってからだそうだ。

高崎から前橋に移動。ここからフットボールの話題に移ることにしたい。

ｔｏｎａｎ前橋[3]は現在、関東2部に所属。設立は１９８２年で、前橋商業のＯＢチームとしてスタートした。２０１０年から7シーズンにわたり関東１部で活動を続け、その間にJリーグ百年構想クラブの承認を受けた。ところが、関東2部時代の２０１９年に脱退を申請。その理由は「アマチュアクラブとして地域貢献・地域密着を目指し、子供たちから大人までに愛されるスポーツクラブを目指す」というものであった。

前橋市には、ザスパクサツ群馬がホームゲームで使用している、正田醤油スタジアム群馬[4]がある。試合がない夕暮れ時に訪れると、ちょうど桜が満開だった。

群馬県にＪクラブが誕生したのは２００５年のこと。当初は「ザスパ草津」という名称だった。２０１２年に「広く群馬県に愛されるチームを明確にしたい」という理由で、現在のクラブ名に。クラブ発祥の地を前面には出さず、さりとて消し去りたくもない。そんな葛藤が「ザスパクサツ群馬」の8文字から、うっすらと読み取れる。

最後に、ザスパクサツ発祥の地である草津温泉[5]を訪れてみた。その源流をたど

4

3

ると、東日本サッカーアカデミーの所属選手で結成された、1995年創設の「リエゾン草津」に行き着く。「スパ（温泉）」にちなんで、ザスパ草津となったのは2002年のことだ。

発足時から、所属選手が温泉街で働きながらサッカーを続けるシステムを確立。地域のリゾート産業とサッカーを結び付けた、実に先進的な事例であった。しかしながら、人口6000人の草津町でJクラブを成立させるのは、かなり無理があったのも事実。結果として、トップチームの拠点は前橋市に移転したが、そのセカンドチームを草津に残したのは英断と言える。

ザスパ草津チャレンジャーズ[6]は、現在関東2部に所属しており、草津温泉に近い、本白根第3グランドでホームゲームを行っている。雄大な草津白根山を背景にした、人工芝のピッチと牧歌的なスタンドは、最新鋭のスタジアムとは対極をなす魅力に溢れている。関東2部にしては、観客やボランティアの数も多い。まさに、ザスパ草津の原風景を見る思いがした。

湯友
（ザスパクサツ群馬）

群馬メシ

群馬といえば釜飯。横川駅の駅弁屋が「温かいご飯とおかずが食べたい」という客の要望に応えるべく、益子焼の土釜を容器に使った「峠の釜飯」を1958年に発売。これが全国区のヒット商品となった。

5

6

№ 11
サッカー王国にして「球技の楽園」
埼玉県

- 総面積　約３７９７平方km
- 総人口　約７３４万人
- 都道府県庁所在地　さいたま市
- 隣接する都道府県　東京都、千葉県、茨城県、栃木県、群馬県、山梨県、長野県
- 主なサッカークラブ　浦和レッドダイヤモンズ、大宮アルディージャ、さいたまサッカークラブ、アヴェントゥーラ川口、浦和レッドダイヤモンズ・レディース、ちふれＡＳエルフェン埼玉、大宮アルディージャＶＥＮＴＵＳ
- 主な出身サッカー選手　犬飼基昭、横山謙三、鈴木保、斉藤和夫、永井良和、西野朗、佐々木則夫、村井満、水沼貴史、反町康治、大熊清、田口禎則、山郷のぞみ、池田浩美、中澤佑二、佐藤寿人、佐藤勇人、宇賀神友弥、山田直輝、原口元気、関根貴大

埼玉県は、広島県、静岡県と並ぶ「サッカー王国」。県内には、浦和レッズと大宮アルディージャというJクラブのみならず、2021年秋に開幕する女子のプロサッカーリーグ、WEリーグにも3つのクラブが名を連ねている。

埼玉県を「サッカー王国」たらしめるのは、浦和レッズというビッグクラブがあるからではない。むしろレッズが、現在のさいたま市浦和区[1]にやって来る、はるか以前まで遡る。

明治末期、埼玉県師範学校に着任した教師がサッカーを伝え始め、同校は1937年の全国中等学校蹴球選手権大会（現・全国高等学校サッカー選手権大会）で優勝。その卒業生が地元で教師となり、それぞれ着任した学校でサッカーを教えた。かくして当時の浦和市を中心に、県内でサッカー文化が花開く。

浦和について、もうひとつトリビアを紹介しておきたい。Jリーグ開幕前、当時の浦和市は三菱自動車工業サッカー部ではなく、狭山市に生産工場を持っていた本田技研サッカー部の誘致を目指していた（クラブ名も「浦和ホンダウィンズ」とすることが内定していたという）。しかし本田技研は、1990年10月の段階でプロ化を断念。浦和には三菱自工がやって来ることになる。

浦和とレッズとの出会いは、実に幸福なものであったと言える。浦和の人々はサッカーを見る目が肥えており、クラブもまたそれに応えようとあらゆる努力を惜しまなかったからだ。Jリーグ黎明期のレッズは「お荷物」と揶揄されるくらい弱かった。それでもレッズのサポーターは、駒場スタジアム[2]での試合を終えると『酒蔵力』に集い、世界一のクラブになるための熱い議論を重ねていた。

1

2

浦和レッズが現在、ホームゲームを開催している[3]埼玉スタジアム２００２（埼スタ）は、国内最大のサッカー専用スタジアムである。２００２年ワールドカップでは、日本代表が初戦でベルギー代表から歴史的な勝ち点1を手にする舞台となった。以後も日本代表の重要な試合、そしてルヴァンカップ（旧・ナビスコカップ）や天皇杯決勝の会場として、幾度となく名勝負が繰り広げられてきた。

埼スタがあるさいたま市緑区は、以前は浦和市に組み込まれていたものの、浦和美園駅から浦和駅までは地元民でも遠く感じられる。電車なら、東川口駅と南浦和駅で乗り換えて26分。乗り換えなしのバスなら、早くて32分。タクシーなら、たっぷり20分かかる。こうなると、試合後に「力で飲もう！」とはなりにくい。そのことを寂しく感じる、古参サポも少なくないのではないか。

さて、埼玉県のサッカーイベントで忘れてならないのが、[4]さいたま市ノーマライゼーションカップである。さいたま市が「誰もが共に暮らすための障がい者の権利の擁護等に関する条例（ノーマライゼーション条例）」を２０１２年に施行。翌13年から、ブラインドサッカーの国際大会が行われるようになった。第1回大会は、ブラジル代表を招いて、フットメッセ大宮にて開催。２０１８年からは、ブラインドサッカー女子日本代表の強化試合の場として継続されている。

ノーマライゼーションカップ誕生の地、さいたま市大宮区は、大宮アルディージャのホームタウンである。埼玉県庁やさいたま市役所がある「行政の拠点」浦和区に対し、大宮区は「商業の拠点」という位置付けだ。

現在は[5]ＮＡＣＫ５スタジアム大宮として知られる、さいたま市大宮公園サッ

4

3

カー場がオープンしたのは１９６０年。実は、日本最古のサッカー専用球技場である。そのすぐ隣にある、大宮公園野球場が完成したのは、戦前の１９３４年。こけら落としは日米野球で、かつてはプロ野球の試合も年に数回行われた。あの長嶋茂雄が高校時代、唯一記録したホームランが生まれたのも、この球場。大宮は、何かと野球に縁がある土地柄なのである。

サッカーの浦和、野球の大宮（異論はあるかもしれない）とくれば、ラグビーの街として知られるのが熊谷市である。熊谷スポーツ文化公園陸上競技場では、年に数回は浦和レッズのホームゲームや天皇杯が開催されるが、バスのアクセスが悪いことでも有名。ところが２０１９年のラグビー・ワールドカップでは、熊谷ラグビー場[6]で３試合が開催され、奇跡的と言えるスムーズなシャトル輸送を実現させた。

埼玉県は、サッカーだけの王国ではない。野球もラグビーも楽しめる、まさに「球技の楽園」なのである。

レディア
（浦和レッズ）

埼玉メシ

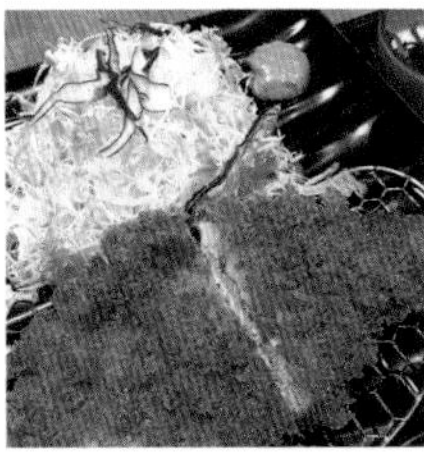

私にとっての埼玉の食は、浦和美園のイオンモールにある「とんかつ和幸」。日本代表の試合前、験担ぎでロースかつ定食を食するのがルーティーンである。一度だけ、これを怠ったら、代表は負けた。

6

5

首都圏有数のターミナル駅と繁華街を持つ大宮は、長年にわたり「通り過ぎる街」でもあった。そこに大宮アルディージャが生まれたことで、いつしか駅前はオレンジ色に染まり、他県からのアウェイサポーターも多く訪れるようになった。

№ 12 Jリーグから地域リーグまで それぞれの「フットボールのある風景」

千葉県

・総面積　約５１５７平方km

・総人口　約６２８万人

・都道府県庁所在地　千葉市

・隣接する都道府県　東京都、埼玉県、茨城県

・主なサッカークラブ　柏レイソル、ジェフユナイテッド千葉、ブリオベッカ浦安、VONDS市原FC、ジェフユナイテッド市原・千葉レディース、オルカ鴨川FC

・主な出身サッカー選手　関塚隆、布啓一郎、石井正忠、名良橋晃、鬼木達、秋葉忠宏、北嶋秀朗、玉田圭司、阿部勇樹、山岸智、宮間あや、米倉恒貴、酒井宏樹

千葉県は、私を含む東京都民にとって、極めて身近で縁の深い県である。そしてあまりにも東京都に近すぎるため、千葉にある国際空港や有名な遊園地が、いずれも「東京」の名を冠しているのは周知の通りだ。

東京都と千葉県の関係性は、京都府と滋賀県、愛知県と岐阜県、福岡県と佐賀県の関係に似ている。隣が有名で存在感があるだけに、何かと一緒くたに見られがちで、それゆえに染み付いてしまったベッドタウン根性。生まれも育ちも千葉県という友人は「千葉は観光地や遊ぶところがたくさんあるのに、なぜか県民は地元の魅力に見向きもしないんですよね」と嘆いていた。

そんな中、スポーツに関して千葉は、かなり恵まれた環境にある。プロ野球なら千葉ロッテマリーンズ、Bリーグなら千葉ジェッツふなばし、Jリーグならジェフユナイテッド千葉と柏レイソル。WEリーグやFリーグにも千葉のクラブはあるし、高校スポーツでは最もコンペティティブな県のひとつに数えられる。それでは、千葉県ならではの「フットボールのある風景」を、さっそく探してみることにしたい。

県内に2つあるJクラブのうち、まずはジェフユナイテッド千葉のホームグラウンドを訪ねてみよう。外房線、内房線、京葉線、そして京葉臨海鉄道臨海本線（貨物線）が乗り入れている、JR蘇我駅[1]から徒歩18分。JR東日本が親会社であるため、駅周辺はご覧のようにクラブのエンブレムやロゴをあちこちで目にすることができる。

ジェフのホームゲームが行われる、フクダ電子アリーナ（フクアリ）[2]は、フット

1

2

ボール専用の屋根付きスタジアム。恵まれているのは、スタジアムだけではない。クラブハウスや練習グラウンドも徒歩圏内だし、サポーターは忠誠心に篤く、誰もが知る大企業がバックに付いている。これだけ環境と条件が満たされているのに、ジェフは２０１０年以来、ずっとＪ２の沼から抜け出せずにいる。

とはいえ、ジェフの降格は１度だけ。柏レイソルは３度も降格している。２０１０年には、ジェフと同じタイミングで降格し（2度目）、初めてＪ２での千葉ダービーが実現した。しかしレイソルは、常に１年でＪ１に復帰しているため、両者の歩みは対照的。ジェフがＪ２でもがく間、レイソルはＪリーグ３大タイトルすべてを獲得し、ＦＩＦＡクラブワールドカップにも出場している。

レイソルの三協フロンテア柏スタジアムへは、ＪＲと東武鉄道が乗り入れる柏駅から徒歩23分。フクアリと比べて少し距離感はあるものの、道中はそれほど退屈することはない。駅前で配られている、サポーター有志によるフリーペーパーをチェックしつつ、マスコットのレイくんやエンブレム[3]をあちこちで発見できるのも楽しい。

千葉県の「フットボールのある風景」は、Ｊリーグだけにとどまらない。現在、関東１部に所属するブリオベッカ浦安[4]は、１９８９年の設立。当初は地元の子供たちのクラブだったが、卒業生がプレーできる場を提供するべく、ジュニアユース、ユース、トップチームが整備されていく。トップチームは２０００年に千葉県３部に参戦し、ついに16年にはＪＦＬにまで到達した。

最後に紹介するのは、かつてジェフが活動拠点としていた市原市である。

3

4

1967年創部の古河電気工業千葉事業所サッカー部が母体となり、2011年にVONDS市原FC[5]が誕生。名門・古河の伝統、そして黎明期のジェフの記憶が色濃く残る市原の地盤をそのまま引き継いで活動を続けている。

地域リーグクラブの中では、比較的恵まれた環境にあるVONDS。しかし地域CLでは、何度も本命視されながらもJFL昇格の夢は果たせないまま、今も関東リーグ1部から脱出できずにいる。このあたり、ジェフに一脈通じる「何か」を感じずにはいられない。

そのVONDSがホームスタジアムとしているのが、ゼットエーオリプリスタジアム[6]。かつての市原緑地運動公園臨海競技場である。最近では「地域CL決勝ラウンドの舞台」というイメージが強く、ここからAC長野パルセイロやカマタマーレ讃岐やFC今治など、多くの地域リーグクラブがJFLへ、さらにはその先のJリーグへと旅立っていった。ジェフが去って15年が経過したが、今にも市原には懐の深い「フットボールのある風景」が広がっている。

レイくん
（柏レイソル）

千葉メシ

私のスマートフォンに納められた千葉県の食の写真は、成田空港で撮影されたものばかり。海外取材に出発する直前、いつも「これが最後の和食になるかもしれない」と思いながら噛みしめている。

5

6

フクアリでは、愛らしい犬たちと会える。9番がユニティ、2番がジェフィ、そしてみなちゃん。ジェフユナイテッド千葉が、人類と最も付き合いの長い動物をクラブマスコットにできたのは、オリジナル10のアドバンテージゆえであろう。

№13

スタジアムをめぐりながら五輪の「レガシー」を考える

東京都

・総面積　約2194平方km
・総人口　約1397万人
・都道府県庁所在地　新宿区
・隣接する都道府県　埼玉県、千葉県、神奈川県、山梨県
・主なサッカークラブ　FC東京、東京ヴェルディ、FC町田ゼルビア、東京武蔵野ユナイテッドFC、東京23FC、東京ユナイテッドFC、クリアソン新宿、南葛SC、日テレ・東京ヴェルディベレーザ、スフィーダ世田谷FC
・主な出身サッカー選手　高田静夫、松木安太郎、戸塚哲也、都並敏史、北澤豪、野田朱美、藤吉信次、中村忠、山口貴之、大竹七未、大竹夕魅、山田卓也、小針清允、西村卓朗、澤穂希、榎本達也、南雄太、坪井慶介、荒川恵理子、中村憲剛、平本一樹、丸山桂里奈、小川佳純、玉乃淳、田村直也、梶山陽平、李忠成、関口訓充、小林祐三、田中裕介、太田宏介、小林悠、権田修一、丸山祐市、田邉草民、三竿雄斗、三竿健斗、稲垣祥、武藤嘉紀、岩渕真奈、中島翔哉、中村航輔、斉藤光毅

日本の首都、東京都。２０２０年の五輪とパラリンピックの開催都市、東京都。そして私のホームタウン、東京都。東京の「フットボールのある風景」について言及するのは、意外と難しい。なぜなら都民である私にとり、旅人の視座で東京を客体化するのは、どうにも無理があるからだ。

ならば、視点を変えて考えてみることにしよう。東京都在住のフットボールファンにとり、近場で非日常が楽しめる空間がどこか？　それは、間違いなくスタジアムである。よって今回はクラブではなく、あえて都内のスタジアムにフォーカスすることにしたい。

あまりにも人口密度が高いために、試合会場や練習場が慢性的に不足している東京都。それでも、１９６４年の東京五輪によって建設された競技施設は（多少の古さや使い勝手の悪さはあるものの）、今もわれわれ都民のレガシーとなっている。フットボールについても例外ではなく、Ｊリーグの試合会場で使用されているスタジアムもある。

それが世田谷区にある、駒沢オリンピック公園総合運動場陸上競技場[1]。１９６４年にオープンし、先の東京五輪では日本代表がアルゼンチン代表に３－２で勝利した舞台として知られる。スタジアムが建設される以前、ここに東映フライヤーズ（現・北海道日本ハムファイターズ）の本拠地、駒澤野球場があったことを記憶する都民は、今ではすっかり少なくなってしまった。現在はＪ２の東京ヴェルディが、定期的に公式戦を行っている。

北区にある味の素フィールド西が丘[2]は、意外に思われるかもしれないが、国立

1

2

で唯一の球技専用スタジアム。ＧＨＱに接収された土地が返還されたことを受けて、１９６９年に建設が始まり72年にオープンした。同年のＪＳＬ（日本サッカーリーグ）東西対抗戦が、初めて開催されたサッカーの試合。１９８９年には、日本代表対インドネシア代表のワールドカップ予選も行われている。Ｊリーグの基準は満たしていないものの、たびたび公式戦が開催された。

つづいて東京都を本拠とするクラブが、ホームゲームを行うスタジアムを探訪してみよう。まずは、ＦＣ東京とヴェルディが本拠地としている、調布市の味 3 の素スタジアム。１９７４年に在日米軍から返還された跡地に、２００１年に「東京スタジアム」として建設された。こけら落としは、ＦＣ東京とヴェルディによる東京ダービー。代表戦や天皇杯決勝にも使用され、２０１９年にはラグビー・ワールドカップの試合会場にもなっている。

4 町田ＧＩＯＮスタジアム（通称・野津田）は、Ｊ２のＦＣ町田ゼルビアが創設された翌年の１９９０年に「町田市立陸上競技場」としてオープンした。ゼルビアは東京都リーグ時代から野津田を使用しており、当時はメイン以外のほとんどが芝生席。やがてゼルビアがＪクラブとなり、ライセンス条件を充足させるべく拡張工事が行われた。２０２１年には、立派なバックスタンドが完成。取材で訪れた時は、緊急事態宣言が発令されていたため無観客試合となっていた。

5 武蔵野市立武蔵野陸上競技場（ムサ陸）は、いささか複雑な歴史を持つ土地の上に成り立っている。ここは戦前、中島飛行機武蔵製作所の厚生施設である中島運動場があったが、戦時中の空襲により消滅。戦後、広大な跡地は武蔵野市に引

3

4

き継がれ、1949年に陸上競技場が作られる。

　ここをホームとする東京武蔵野ユナイテッドFCは、前身の東京武蔵野シティFC時代にJ3を目指していた。その願いを叶える一助となるべく、武蔵野市は改修工事を行ったものの、結局クラブ側が断念。地域に根ざしたアマチュアクラブとして、ムサ陸で再スタートを切ることとなった。

　その後も東京からJを目指すクラブ[6]は増加傾向にあり、新宿や渋谷や葛飾といった23区内から名乗りを挙げるケースも珍しくない。ロンドンにあれだけ多くのプロクラブがあることを思えば、東京23区内にJクラブが誕生してもよいのではないか、と個人的には感じる。

　ここで最大の障壁となるのが、やはりスタジアム。思えば2020年の東京五輪をめぐっては、何度となく「レガシー」という言葉が繰り返されていた。東京都の貧しいスタジアム事情を思えば、われわれは「レガシー」が本来意味するところについて、あらためて考えてみる必要がありそうだ。

ゼルビー
（FC町田ゼルビア）

東京メシ

「ホープ軒」のラーメンは、国立競技場での思い出と分かち難く結び付いている。何ら彩りのない、実に無骨そのもののビジュアル。しかし試合の前後に、なぜか食したくなる不思議な吸引力を放つ。

5

6

現在の国立競技場は2019年に完成、翌20年元日の天皇杯決勝（ヴィッセル神戸vs鹿島アントラーズ）がこけら落としとなった。あの「ザハ案」に未来を見た者としては、無難にまとまった完成形にわが国の微妙な現状を見る思いがする。

№ 14

合併と消滅と流出を経てもJクラブ数は全国最多

神奈川県

・総面積　約2416平方km
・総人口　約921万人
・都道府県庁所在地　横浜市
・隣接する都道府県　東京都、山梨県、静岡県
・主なサッカークラブ　横浜F・マリノス、湘南ベルマーレ、川崎フロンターレ、横浜FC、SC相模原、横浜スポーツ&カルチャークラブ、エスペランサSC、横浜猛蹴フットボールクラブ、東邦チタニウム、ノジマステラ神奈川相模原、ニッパツ横浜FCシーガルズ、日体大FIELDS横浜、大和シルフィード
・主な出身サッカー選手　植木繁晴、早野宏史、李国秀、福田正博、岩本輝雄、岡野雅行、森岡隆三、戸田和幸、中村俊輔、石川直宏、茂庭照幸、栗原勇蔵、大野忍、川澄奈穂美、永里優季、森本貴幸、水沼宏太、齋藤学、遠藤航、伊東純也、板倉滉、三好康児、久保建英

47都道府県の中で、人口では東京都に次いで2番目ながら、総面積は下から5番目。にもかかわらず、神奈川県にはJクラブが6つもある。

もともと1993年にJリーグがスタートした時点で、オリジナル10のうち神奈川県のクラブは3つ。このうちヴェルディ川崎は、東京都の国立競技場をホームとすることを強く望んだもののJリーグからは認められず、しぶしぶ等々力陸上競技場を本拠地とした。彼らが宿願の東京移転を果たすのは、東京（現・味の素）スタジアムがオープンした2001年のことである。

その2年前の1999年、横浜マリノスと横浜フリューゲルスが合併して「横浜F・マリノス」となっている。クラブの合併と消滅、そして流出という、2つの地殻変動を経験した神奈川県だが、その後もJクラブの数は増え続けた。

まずは「日本サッカー発祥の地」とされる横浜市から。スタジアムに向かう前に、国内外のフットボール映画を上映する『ヨコハマ・フットボール映画祭』について触れておきたい。2011年から始まったこの映画祭は、現在も継続して開催されており、そのコンセプトは県外にも輸出されている。「日本サッカー発祥の地」は諸説あるが、フットボール映画祭は間違いなく横浜から始まった。

国内最大、7万2327人収容の日産スタジアム[1]があるのも横浜。横浜F・マリノスのホームスタジアムであり、2002年のFIFAワールドカップ、そして2019年のラグビー・ワールドカップのファイナルの舞台にもなった。オープンした当初は「トラックが邪魔」「スタンドの傾斜が緩すぎる」「Jリーグ開催には大きすぎる」などなど、その評価は芳しいものではなかった。それでも

1

2

歴史を刻むうちに、すっかり親しみのあるスタジアムへと定着したように感じる。

サポートクラブを問わず、横浜のフットボールファンの「聖地」とされているのが、ニッパツ三ツ沢球技場である。その歴史は古く、1955年に神奈川国体のラグビー場としてオープン。さらに1964年には東京五輪のサッカー会場にもなり、その後はJSL（日本サッカーリーグ）の古河電工、日産自動車、全日空などのホームゲームが行われた。

その三ツ沢で現在、定期的にホームゲームを開催しているのが、横浜FC[2]と横浜スポーツ&カルチャークラブ（YS横浜）[3]。どちらも今はなき、横浜フリューゲルスにゆかりのあるクラブである。フリューゲルスの源流をたどると、横浜・中区スポーツ少年団に行き着く。のちに全日空横浜サッカークラブとなった時、企業依存によるクラブのあり方に疑問を抱いた人々が、袂を分かって1986年に設立したのが、YS横浜の前身となる横浜スポーツクラブだった。

その後、全日空は横浜フリューゲルスとなり、Jリーグのオリジナル10となるも、合併により消滅。その決定に納得できなかったフリエサポーター有志が立ち上がり、さまざまな艱難辛苦の末に生まれたのが横浜FCである。当のクラブは「フリューゲルスの後継クラブ」との立場を採っていないが、クラブカラーやフリエという呼称など共通点は多い。

Jリーグ開幕2年目の1994年、県内4番目のJクラブとなったのがベルマーレ平塚、現在の湘南ベルマーレ[4]である。前身のフジタ工業サッカー部の練習場があったことから、クラブは平塚市をホームタウンと定めた。1999年、

3

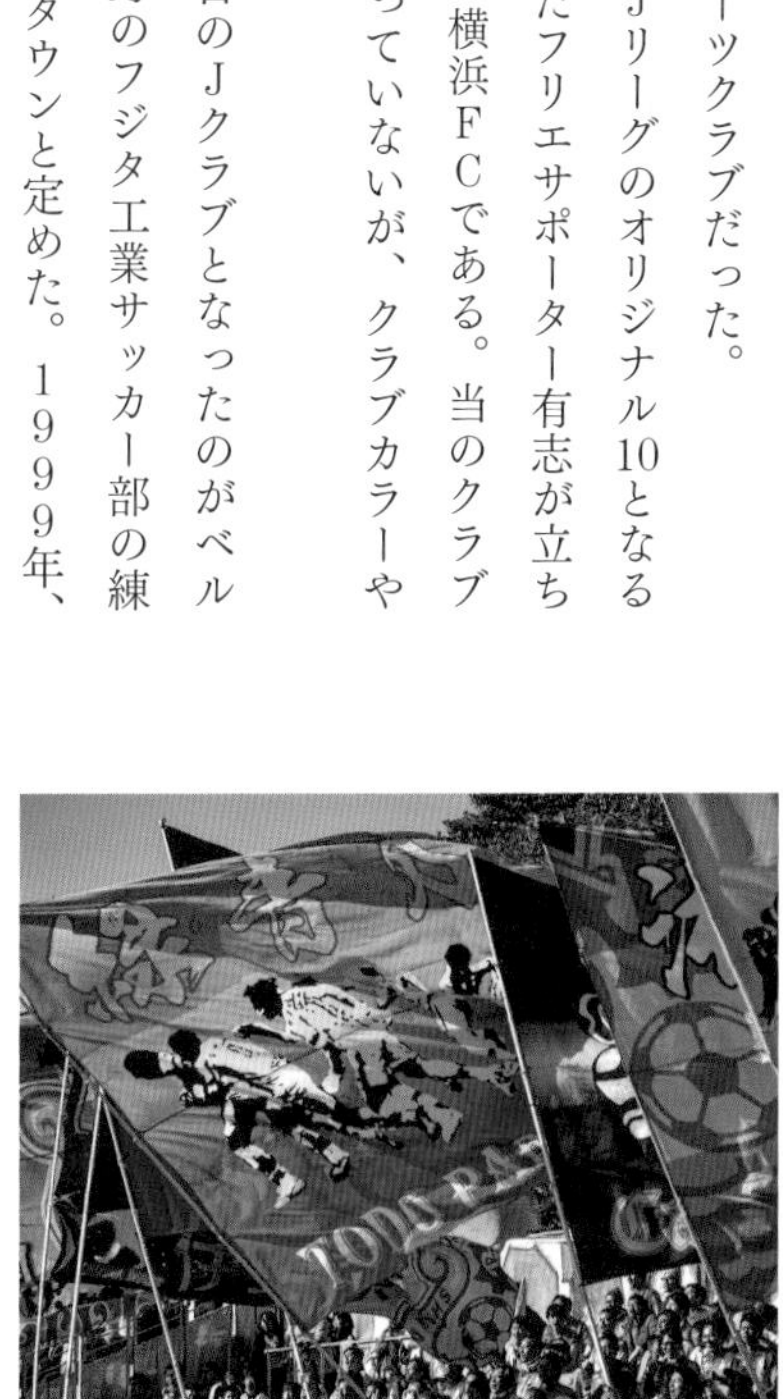
4

業績不振によりフジタは撤退。それでも市民クラブへの転身とホームタウン広域化によって、ベルマーレは見事にこの危機を乗り切った。

神奈川県は横浜市以外にも、2つの政令指定都市がある。そのうちのひとつ、相模原市に2008年に誕生したのが、SC相模原[5]。元日本代表の望月重良氏が立ち上げたクラブは、県3部を振り出しに着実なステップアップを続け、21年にはJ2に到達した。最近では、新スタジアムの建設計画やDeNAの経営参画など、クラブをめぐる状況は急速に変わりつつある。

もうひとつの政令指定都市である川崎市は、長年にわたり「プロスポーツから逃げられる」街であった。川崎に背を向けたのは、ヴェルディが初めてではない。プロ野球の2球団（1977年の大洋ホエールズと91年のロッテオリオンズ）は、いずれも川崎球場を後にして新天地に移ってしまっていた。そんな哀しい歴史ゆえに、川崎フロンターレ[6]と川崎市民との相思相愛については、心から祝福せずにはいられない。

フリ丸
（横浜FC）

神奈川メシ

ヨコハマ・フットボール映画祭の上映館「シネマ・ジャック＆ベティ」の近くに、超絶に美味しい麻婆豆腐を出す店があった。今は閉店しているので、横浜で最近食べた麻婆豆腐の写真を貼っておく。

5

6

上／横浜F・マリノスのマスコット、マリノス君。ゴール裏でサポーターと一緒に熱量のある応援を繰り広げる一面も。
下／川崎フロンターレのマスコットは、カブレラ、コムゾー、ふろん太の三位一体。その息の合った演技に刮目せよ！

№15

中央線の向こう側は山あり川ありJクラブあり

山梨県

- 総面積　約4465平方km
- 総人口　約81万人
- 都道府県庁所在地　甲府市
- 隣接する都道府県　東京都、神奈川県、埼玉県、長野県、静岡県
- 主なサッカークラブ　ヴァンフォーレ甲府
- 主な出身サッカー選手　清雲栄純、鈴木政一、羽中田昌、中田英寿、石原克哉、柏好文、仲田歩夢、長沼洋一

中央線沿線に暮らす私にとり、線路の向こう側にある山梨県は「近くて遠い」という印象がある。

時おり、大月行きや河口湖行きの電車を利用することもあるが、終点まで行き着くことはなかった。立川から特急「あずさ」に乗車しても、基本的に山梨県はスルー。もちろん、避けていたわけではない。あえて理由を挙げるとすれば、遠すぎず近すぎず、という微妙な距離感ゆえであろうか。

フットボール的には、山梨県といえばヴァンフォーレ甲府。県内には、ＪＦＬや地域リーグに所属するクラブはなく、ヴァンフォーレは唯一無二の存在となっている。もっとも私の世代からすると、県内の「サッカーどころ」といえば、甲府市ではなく韮崎市。そのイメージを補強するのが、ＪＲ韮崎駅の改札に建つ「球児の像」である。

このブロンズ像は、地元で１９７５年に開催されたインターハイで、韮崎高校が優勝したことを記念して製作された。同校は高校サッカー選手権においても、5年連続ベスト4という偉業を打ち立てている（戦後に達成したのは、他に長崎県の国見高校のみ）。それにしてもサッカー少年を「球児」と呼ぶところに、韮崎の土地柄がひしひしと伝わってくるではないか。

韮崎駅から上り電車で5つ戻って、今度は石和温泉駅で下車してみる。もともとは「石和駅」という名前だったが、１９６１年に農場の敷地内で源泉が湧出。かつては養蚕業で発展した石和は、戦後は果樹栽培と温泉を中心とする観光業に軸足を移すようになり、１９９３年に現在の駅名に改称された。

1

2

笛吹川にかかる石和橋には、川の名前の由来となった笛吹権三郎[1]の像が佇む。伝説によれば、権三郎は母と住まいを川の氾濫で失い、自身ものちに同じ運命をたどったという。総面積の８割を山岳地が占める山梨県は、笛吹川と合流して富士川となる釜無川（かまなしがわ）、釜無川の支流で「暴れ川」として知られる御勅使川（みだいがわ）など、河川の多い土地でもある。そして平地の少ない盆地ゆえに、歴代為政者にとって治水は常に悩みの種であった。

この難事業に真正面から取り組んだのが「風林火山」で知られる、戦国武将の武田信玄[2]。工事には20年近くを費やしたが、これにより当地の水害は激減した。ちなみに２０２１年は、信玄公生誕５００年である。

そんなわけで、ようやく甲府駅に到着。信玄公が鎮座する南口からは、スタジアム行きのシャトルバスが出ているが、時間があれば北口の甲州夢小路[3]もお勧めだ。戦前の甲府城下町を再現したエリアには、おしゃれなカフェやレストランや土産物屋が軒を連ねる。甲州ワインや地酒を扱う店舗もあり、試合前に目星を付けておくのもいいだろう。

ヴァンフォーレのホームゲームが行われる、ＪＩＴリサイクルインクスタジアム[4]は「かいじ国体」を翌年に控えた１９８５年にオープン。当初、メインスタンド以外はすべて芝生席だった。その後、２度にわたる改修工事を経て、Ｊ１基準のスタジアムに生まれ変わったのが２００６年の3月。この年、初めてトップリーグを戦うことになったクラブ関係者は、さぞかし安堵したことだろう。

ヴァンフォーレのホームゲームで、試合以外の楽しみといえば、ヴァンくんと[5]

4

3

フォーレちゃんによるマスコットショー。モティーフは甲斐犬で、2匹は血縁関係も婚姻関係もない「お友だち」という設定になっている。

この日はホーム開幕戦ということで、今季の所属選手をヴァンくんが全身で表現するというパフォーマンスを披露していた。マスコット界きっての芸達者という評価が定着し、他サポからも愛されているヴァンくん。だが、デビュー当時は手を振るくらいしかできなかったそうだ。

1965年に創設された、県立甲府第一高校のOBチーム、甲府サッカークラブをルーツとするヴァンフォーレ甲府。今でこそ県民の宝物のような存在だが、成績不振や経営危機で存続が危ぶまれたのは、ほんの20年前の話である。もしもあの時、クラブが消滅してしまっていたら——。

美しい山々、スタンドのファン、そして愛すべき選手たち。こうした当たり前の風景が、何によってもたらされたのか。時おり立ち止まって、考える必要がありそうだ。

ヴァンくん&フォーレちゃん
（ヴァンフォーレ甲府）

山梨メシ

山梨は、ほうとうが有名だが、B級グルメの甲府鳥もつ煮もいける。レバー、砂肝、ハツ、キンカンを醤油ダレで煮詰めたもので、シズル感のある照りが特徴。2010年のB-1グランプリで優勝に輝いた。

6

5

コラム❷

陸上兼用スタジアムは決して「敵」ではない

ホームでは、負けられない！

トラック付き陸上兼用のスタジアムとフットボール専用のスタジアム。貴方はどちらが好みだろうか？　フットボールファンなら、十中八九後者だろう。

フットボール専用の素晴らしさについては、今さら多くを語る必要はあるまい。観客の立場からすれば、トラックのないピッチのほうが断然見やすいし、プレーの臨場感もストレートに伝わってくる。そもそもヨーロッパでは、フットボール専用がスタンダード。Ｊリーグも専スタを推奨している。

そんな背景もあって、何となくわれわれは「専スタは素晴らしく、陸上兼用は最悪」という先入観がこびりついているような気がする。かくいう私自身、ある種の「専スタ至上主義」的な考えの持ち主であった。

いちサッカーファンとして考えれば、客席からピッチが近いほうがいいに決まっている。でも、だからといって、陸上トラックを敵視したり全面的に否定したりするのは、ちょっと違うのではないか？　最近そんなことを考えるようになった。

あるＪクラブの女性スタッフにインタビューした時のことだ。彼女は高校時代、陸上競技

に打ち込んでいたのだが、地元のＪクラブの試合を見たことは一度もなかったという。

彼女にとって地元のスタジアムは「サッカーを見る場所」ではなく「自分たちが走る場所」。ゆえに「私たちは大会があるのに、Ｊの試合が優先されるのはずるい！」と思っていたそうだ。ところが不思議な縁で、そのＪクラブで彼女は働くようになる。すると、思い出深いスタジアムが、まったく違ったものに見えたという。

「初めてウチのホームゲームを見た時に驚きました。たくさんのエンブレムで飾られたスタジアムに、地元のファンやサポーターが集まって、みんなでタオマフを振りながら応援していたんです。それまで知らなかったスタジアムの風景に、当時の私は衝撃を受けましたね」

この言葉を聞いて、私のほうが衝撃を受けた。恥ずかしながら、こうした視点が完全に欠如していたからだ。

われわれサッカーファンは、どうしても「サッカーの試合を見る」という前提だけでスタジアムを捉えがちである。仕方のない部分もあるが、だからといって「サッカーが一番偉い」という奢りは厳に慎むべきであろう。サッカーが世界で最も競技人口とファンが多いのは事実だが、だからと言って一番偉いわけではない。

そもそもＪクラブの中で、最初からフットボール専用スタジアムを使用していたのは、ごくごく少数。多くのクラブは自治体にお願いして、国体用に作られた陸上競技場をホームスタジアムとすることで、何とかライセンスを交付してもらっている。地元の陸上兼用スタジアムで、初めてJリーグの試合が開催された時、果たしてどれだけの観客が「トラックが邪魔」とか「もっとピッチが近くないと！」などと思っただろうか。

もうひとつ考えなければならないことがある。どんなに使い勝手の悪いスタジアムであっても、ある程度の歴史を刻むこと

で、かけがえのない記憶が蓄積されているという事実だ。

たとえばサンフレッチェ広島の広島ビッグアーチ。１９９２年オープンのこの施設は、時代から取り残された感は否めず、トラック付きの屋根なしで、アクセスもすこぶる悪い。それでも３回のＪ１優勝を果たした、森保一監督時代の黄金期を見つめてきたスタジアムである。現在建設中の新スタジアムに移転する際、せいせいしたと感じるファンやサポーターは、少数派ではないだろうか。

わが国のスポーツの歴史を顧みれば、サッカーはどう見ても「新参者」である。日本陸上界が、初めて世界に打って出たのは、１９１２年のストックホルム五輪。サッカーの五輪初出場は、それから24年後のベルリン五輪で、ワールドカップ初出場は１９９８年である。

わが国のスタジアムづくりが「陸上ありき」だったのは、こうした歴史的背景が多分に影響しているように感じられる。とはいえ、歴史も文化も、いつまでも同じ状況が続くわけではない。実際のところ、最近は地方都市でも専スタ建設の動きがあるではないか。

そうした流れを歓迎しつつも、国体用に作られた地方の試合会場を訪れるたびに、何とも言えぬ味わい深さを楽しんでいる自分に気が付いた。この感覚、何かに似ている。ふいに思い当

たったのが、独身時代に住んでいたアパートの前を通りがかった時の心境である。

駅から徒歩15分の風呂なしアパートに暮らしていた当時、私は「結婚したら、駅から10分以内の風呂付きマンションに引っ越すぞ！」という、ささやかな夢を持ち続けていた。それは、アクセスの悪い陸上兼用で応援しながら、「いずれは駅チカの専スタで」という夢を育むサポーターの心情に、意外と近いようにも感じられる。

いつか念願が叶い、新しいスタジアムに引っ越す時、空っぽになったアパートの一室を去る時のような感慨が、ファンの胸に去来することだろう。

そうして考えるなら、トラック付きのスタジアムは、ゆめゆめわれわれの敵ではない。

№16 「米どころ」ニイガタが全国に自慢できるもの 新潟県

・総面積　約1万2584平方km
・総人口　約222万人
・都道府県庁所在地　新潟市
・隣接する都道府県　山形県、福島県、群馬県、長野県、富山県
・主なサッカークラブ　アルビレックス新潟、JAPANサッカーカレッジ、新潟医療福祉大学FC、05加茂FC、ASジャミネイロ
・主な出身サッカー選手　神田勝夫、本間勲、田中亜土夢、酒井高徳、早川史哉

新潟県といえば、コシヒカリや日本酒や亀田製菓など「米どころ」ならではの美味しいものが、まず思い浮かぶ。そして、新潟が生んだ「昭和を代表する著名人」といえば、元首相の田中角栄。毀誉褒貶の激しい人物ではあったが、令和の時代とは比較にならないくらい、スケールの大きな政治家であった。

今となっては信じ難い話だが、かつて「裏日本」という言葉が、ＮＨＫの天気予報でも普通に使用されていた時代があった。日本海側に暮らす人たちには大変失礼な話であるが、それくらい日本列島の「表」と「裏」が、交流に難儀していた証左とも言える。そこに、列島を縦横に貫く全国新幹線を建設する「日本列島改造論」をぶち上げたのが、あの角栄であった。

それからおよそ四半世紀後の１９９６年、日韓共催となった２００２年ワールドカップの開催都市を絞り込むにあたり、新潟県は愛知県と激しく競っていた。そこで新潟県は、あえて「日本海側」を強烈にアピール。結果として、かつて「裏日本」と呼ばれていた土地に、４万２３００人収容の新潟スタジアム（現・デンカビッグスワンスタジアム）が誕生する。

新潟で行われた、ワールドカップの試合数は、わずかに3。しかし大会後も、スタジアムの熱気が途切れることはなかった。北信越リーグで活動していたアマチュアクラブが、１９９９年にはＪクラブとなり、驚異的な集客力を誇るキラーコンテンツとなっていったからだ。それが、アルビレックス新潟である。

ビッグスワンを訪れて、まず驚かされるのが、スタンドをオレンジ色に埋め尽くすサポーター[1]の数である。ピーク時の２００５年には、平均入場者数が４万

1

2

人を突破。「新潟の奇跡」「地方クラブの優等生」と賞賛された。J2に降格して以降、やや空席が目立つようになったが、それでも2019年までは平均1万4000人台をキープ。もちろんJ2ではトップである。

アルビレックスが自慢できるのは、入場者数だけではない。[2]アルビレックスチアリーダーズは2001年に結成。毎年メンバーは更新され、すでに第20期を超えている。特筆すべきは、それだけではない。Jリーグでも、かなり早い時期からチアを導入していること。クラブから独立した組織として、チアリーディングを追求していること。そしてJリーグのみならず、Bリーグ（新潟アルビレックスBB）の試合にも出演していること。両リーグはシーズンが異なるため、切れ目なく活動を続けることができるのである。

もうひとつ自慢できるものとして、アルビレックスのクラブマスコットを挙げておきたい。白鳥をモティーフにしたアルビくん、その配偶者であるスワンちゃん。そして、[3]三つ子のアーくん、ルーちゃん、ビィくん。マスコットのファミリー化は、どのクラブでも見られる現象だが、Jリーグで最も子だくさんなのが、実はアルビくん一家なのである。

アルビレックス新潟についてもうひとつ、個人的に素晴らしいと感じているのが、[4]ASジャミネイロの存在である。ゴール裏で応援していたサポーターが中心となり、2003年に草サッカーチームを結成。翌04年に「アフロスター・ジャミネイロ」の名で県4部に参加し、ゆっくりとステップアップしながら北信越2部まで上り詰めた。「応援するスポーツ」だけでなく、「するスポーツ」での地域

3

4

密着という点で、注目すべき事例と言えるだろう。

自慢うんぬんという話ではないが、新潟は豪雪地帯としても有名である。それゆえJFAで「シーズン秋春制」が議論されると、反対意見の先頭に立つのが、新潟と山形のサッカーファン。私も一度、雪の日のビッグスワン[5]を訪れたことがあるが、こんな環境下での試合観戦は心から御免こうむりたいものだ。

こうして考えてみると、新潟県が全国に自慢できるものは、ことごとくアルビレックスと結び付いていることに気付かされる。新潟といえばアルビレックス、アルビレックスといえば新潟。両者の密接な関係性を思えば、ある意味当然の話である。では「アルビレックス以前」は、どうだったのだろうか。

初めて新潟を訪れた時、地元の人に「新潟県民が最も自慢できるものは何ですか?」と尋ねたことがある。その人は間髪入れずに「夕日です」と答えた。後年、日本代表の取材でビッグスワンの記者席に座ったとき、見上げた夕暮れ空[6]の何と美しかったことか!

アーくん、
ルーちゃん、ビィくん
(アルビレックス新潟)

新潟メシ

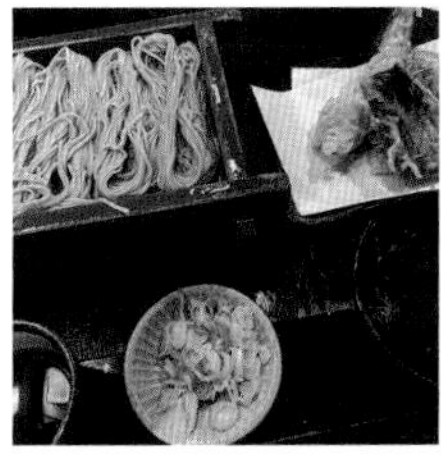

新潟で必ず食すのが、へぎそば。つなぎに布海苔という海藻を使ったそばで、へぎ(片木)と呼ばれる器に美しく盛られているのが特徴。ビジュアルが素晴らしく、しかもツルツルしたのどごしもいい。

5

6

№ 17

なぜ「長野ダービー」ではなく「信州ダービー」なのか？

長野県

・総面積　約1万３５６1平方km
・総人口　約２０３万人
・都道府県庁所在地　長野市
・隣接する都道府県　群馬県、埼玉県、新潟県、富山県、山梨県、岐阜県、静岡県、愛知県
・主なサッカークラブ　松本山雅ＦＣ、ＡＣ長野パルセイロ、アルティスタ浅間、ＦＣマツセロナ、ＦＣアンテロープ塩尻、リベルタス千曲ＦＣ、上田ジェンシャン
・主な出身サッカー選手　田中隼磨、塩沢勝吾、今井昌太、高橋義希、橋爪勇樹、三田尚希、新井光

日本アルプス[1]の3つの山脈を県内に持ち、フットボールでは２０１４年から２つのＪクラブが活動する長野県。そう書くと、われわれは必然的にダービーを期待してしまうが、両クラブは互いを避けるかのように異なるカテゴリーを戦い続けてきたため、Ｊリーグでの対戦は今のところ皆無となっている。

もっともＪリーグに昇格する以前、とりわけ北信越リーグ時代には、何度もダービーが行われている（あまりの盛り上がりぶりから、ドキュメンタリー映画の題材にもなった）。ただし、このダービーは「長野ダービー」ではなく「信州ダービー」と呼ばれていた。なぜ、長野ではなく信州なのか？　その理由を考察するには、まず長野県の成り立ちについて知る必要がある。

発端は、廃藩置県後の１８７１年（明治4年）。第1次府県統合によって、現在の中信地方と南信地方、そして岐阜県の飛騨地方と中津川市の一部からなる、筑摩県が誕生する。県庁が置かれたのは、現在の松本市。ところが１８７６年に県庁舎が火災で焼失し、さらに第２次府県統合によって、筑摩県は岐阜県と長野県に分割されて消滅する。

それから1世紀半近くの時が流れたが、長野県内における地域間での微妙な関係は続く。そして筑摩県消滅にまつわる歴史は、ダービーを盛り上げる重要なファクターとして回収されていった。

北陸新幹線に乗車して、まずは長野駅へ向かう。以前は随分とひなびた印象の駅舎であったが、２０１５年に新幹線が金沢に延伸したタイミングで善光寺口[2]をリニューアル。巨大な大庇と列柱が印象的な、伝統とモダンが共存する駅舎に

2

1

生まれ変わった。ここから市内で一番の観光スポット、善光寺へは徒歩30分。長野電鉄長野線を利用すれば、善光寺駅から徒歩12分である。

長野市を中心とする、北信地方をホームタウンとしているのが、Ｊ３所属のＡＣ長野パルセイロ[3]である。１９９０年に長野エルザサッカークラブとして設立。２００５年に将来のＪリーグ入りを標榜し、2年後に現在の名称となった。ＪＦＬ時代の3シーズン（２０１１〜13年）は、いずれも昇格順位を確保したものの、スタジアム要件を充足できずにＪリーグ入りはならず。現在の長野Ｕスタジアムが完成したのは、善光寺口のリニューアルと同じく２０１５年のことである。

もうひとつの県内のＪクラブが、現在Ｊ２に所属している松本山雅ＦＣ[4]。松本市を含む中信地方は、前述した経緯から北信地方と明治以来のライバル関係にあり、それがダービーの熱狂を作り出す要因となった。もっとも松本としては、ライバルの名を冠したダービーを絶対に認めるわけにはいかない。そこで彼らが提唱したのが、信濃の国の別称を用いた「信州ダービー」。やがてこれが定着し、ホームスタジアムの長野県松本平広域公園総合球技場（現・サンプロアルウィン）では、両サポーターおよそ６０００人を集めて盛り上がった。

さて、山雅というクラブ名は、かつて松本駅近くにあった「喫茶山雅」に由来する。脱サラしたオーナーが、登山やスキーを楽しむ仲間たちの居場所を作るべく、喫茶店を開業。やがて店に出入りしていた若者たちが、草サッカーチームを作ったことが、のちの松本山雅へとつながっていく。こうした歴史を踏まえてクラブは、喫茶店がオープンした１９６５年を創設年と定め、閉店から39年後の

3

4

２０１７年にはファンやサポーターが集まる、新たな喫茶山雅を誕生させた。5

山雅のホームゲームを観戦したら、ぜひとも訪れたいのが「やきとりはうすまるちゃん」である。6 ここは地域リーグ時代から、山雅のサポーターが集まる店として知られ、２００９年の信州ダービーを描いたドキュメンタリー映画『クラシコ』にも登場。店主のまるちゃんは、作品の影の主役として、カルト的な人気を得るに至った。なお、店の奥にさりげなく飾ってあるのは「マツ」こと故・松田直樹の在りし日の姿である。

ここ10年で長野市でも松本市でも、試合前に観光するアウェイサポーターの姿をよく見かけるようになった。かつては登山客やスキー客ばかりだったのが、最近はフットボール目当ての来訪者も確実に増えている。それだけに、信州ダービーが久しく観られなくなったのは、何とも寂しい限り。マツがいた２０１１年での対戦が、今のところ最後となっている。

ライオー
（AC長野パルセイロ）

長野メシ

信州といえば、そば。ひと口に信州そばといっても、バリエーション豊かだ。そば殻を引き込んだ田舎そば。実の中心部分を使った更科そば。日本三大蕎麦のひとつ、戸隠そばなど、いろいろ試したい。

6

5

上／テーマパークのような広さを持つ善光寺。本尊の一光三尊阿弥陀如来は「絶対秘仏」で、7年に一度の御開帳では模鋳した前立本尊が公開される。　下／国宝・松本城。ここ10年で、試合前に観光するアウェイサポーターの姿が増えた。

№18

コンパクトシティと運河クルーズそして立山連峰

富山県

・総面積　約４２４７平方㎞
・総人口　約１０４万人
・都道府県庁所在地　富山市
・隣接する都道府県　石川県、岐阜県、新潟県、長野県
・主なサッカークラブ　カターレ富山、富山新庄クラブ、ヴァリエンテ富山
・主な出身サッカー選手　柳沢敦、楽山孝志、中島裕希、岡本將成

北に富山湾、西と東と南の三方を山に囲まれた富山県は、なかなかフットボールのイメージが結びつかない県でもある。

高校サッカーでいえば、旧国立競技場での最後の選手権で優勝した、富山第一がまず思い浮かぶ。この地にJクラブが誕生したのは2009年のことで、そんなに昔の話ではない。それ以前は、2つの企業チームが全国リーグでしのぎを削る状態が続いていた。

まず、1962年設立のYKK APサッカー部。1975年創設の北信越リーグのオリジナルメンバーであり、同年には初の北信越王者になっている（当時の名称はYKKサッカー部）。それから15年後の1990年、北陸電力サッカー部が創部され、6年後にアローズ北陸となる。このアローズは2000年に、そしてYKKは翌2001年に、それぞれJFLに昇格。アマチュア最高峰の全国リーグに、富山県を出自とする2つの企業クラブが並び立つこととなった。

2005年には、YKKとアローズが2位と3位でフィニッシュ。「この2チームが合併したら、富山初のJクラブが誕生するのではないか」――。県のサッカー関係者の間で、そうした思惑が募るのも無理もない話だ。

それから2年後の2007年、両者の合併が発表され、カターレ富山[1]としてJリーグを目指すこととなる。

カターレの取材で、私が初めて富山を訪れたのは2008年の秋。地元大手企業チームを前身としているだけに、練習環境は申し分なかった。より地域密着に成功すれば、興味深いムーブメントが起こるかもしれない。当時はそんなこと

2

1

を考えていた。この年のＪＦＬでカターレは3位となり、アルビレックス新潟に次いで北信越で2番目のＪクラブとなった。しかし、Ｊ2時代の6シーズンは常に2桁順位。２０１５年以降はＪ3で活動を続けている。

富山県総合運動公園陸上競技場（県総）[2]に初めて訪れたのは、東日本大震災があった２０１１年。天皇杯4回戦の試合会場は、ピッチが雪で覆われていた。カードは、横浜Ｆ・マリノス（Ｊ1）対松本山雅ＦＣ（長野県）。この年に34歳の若さで亡くなった、松田直樹の古巣クラブと最後のクラブとの顔合わせである。幸い、県協会のスタッフによる迅速な除雪作業のおかげで、運命の一戦は無事にキックオフを迎えることができた。

ここからは、富山市内の観光スポットを紹介したい。まずはＪＲ富山駅[3]。改札を出たところで、来訪者は床面の美しさにまず驚くことだろう。このフロアシャンデリアは、北陸新幹線が開通した２０１５年に設置。22基のＬＥＤライトに照らされて、まさに「ガラスの街とやま」を感じさせる多彩な輝きを見せている。

富山に来たら、ぜひ乗車してほしいのが、ライトレール[4]という路面電車。路面電車が活躍している地方都市は、今でも決して珍しくないが、富山のライトレールの走りは、非常に静かで心地よい。さながらヨーロッパの小都市を訪れたかのような気分になる。富山市では、高齢化と人口減少を見据えたコンパクトシティ化を進めており、路面電車網の整備はその一環。15分間隔で走るライトレールは、地元住民にも重宝されている。

富岩水上ラインの運河クルーズ[5]は、富山観光のハイライト。富山駅から徒歩10

3

4

分ほどの富岩運河環水公園から、ソーラー船に乗って中島閘門（こうもん）を経由し、富山湾を眺めながら岩瀬エリアまでの船旅を愉しむことができる。昭和初期に整備された富岩運河は、戦前は富山の工業化に寄与し、戦後は復興のための物流に貢献。運河のある風景はオランダの都市を想起させ、富山湾に出れば空と海の深淵な青さに日常を忘れる。カターレの試合を訪れた時は、ぜひお試しあれ。

富山に来たからには、やはり立山連峰[6]も拝んでおきたい。カターレのホームゲームが行われる県総は、サッカーが見やすい環境とはいい難いものの、遠方に立山連峰を臨む最高のロケーション。この日はあいにくの空模様だったが、試合後に奇跡のように雲間から光が差し、山々のシルエットが浮かび上がった。

カターレのＪ３暮らしが始まったのは、北陸新幹線が開通した２０１５年から。せっかく東京からアクセスしやすくなったのに、サッカーファンにとって縁遠い地になったのは実に残念な話である。富山県は観光資源に恵まれているだけに、より多くのアウェイサポが訪れることを切に願う次第だ。

ライカくん
（カターレ富山）

富山メシ

富山ブラックは、終戦後に復興事業に従事する労働者のために「塩分補給ができるラーメン」として考案された。今では全国区のＢ級グルメだが、かなり塩辛いので好みがはっきり分かれるだろう。

5

6

№ 19

幻の石川ダービーと本田圭佑が残したグラウンド

石川県

・総面積　約4186平方㎞
・総人口　約113万人
・都道府県庁所在地　金沢市
・隣接する都道府県　福井県、岐阜県、富山県、
・主なサッカークラブ　ツエーゲン金沢、テイヘンズFC、FC北陸
・主な出身サッカー選手　北一真、豊田陽平、作田裕次、鈴木大輔

「石川県の県庁所在地は？」と問われれば、多くの人は「金沢！」と即答することだろう。では「金沢は何県？」と問われた場合は、どうだろう。すぐに「石川県！」と答えられる人は、それほど多くはないのではないか。

南北に約２００キロ、海岸線の総延長は約５８０キロに及ぶ石川県は、面積のほとんどが能登半島で占められている。しかしながら、この県のフットボールは、半島の付け根にある金沢市で、ほぼ完結していると言っても過言ではない。私自身、石川県には取材でたびたび訪れているが、北信越リーグの試合が行われた津幡町を除けば、基本的に金沢市内を出たことがない。

学生時代に金沢を訪れる機会があった。当時のアクセスは「能登」一択。上野―金沢間を運行する夜行急行列車である。昭和の時代らしく、友人たちと車中で酒盛りをしたのも、よき思い出だ。あれから幾星霜。２０１５年の北陸新幹線の開通により、東京から金沢までは最速2時間半で到達できるようになった。

金沢駅前の風景も激変した。２００５年には、兼六園口に能楽の鼓をイメージした巨大な木造の門「もてなしドーム」が完成。観光客の格好の撮影スポットとなっている。そんな中、往時からまったく変わらないのが、金沢駅西口に佇む郵太郎[1]。１９５４年に駅ナカのポストに設置された陶器製の人形で、金沢駅の時代の移ろいを60年以上にわたって見つめ続けてきた。

金沢の観光スポットといえば、日本三名園のひとつである兼六園、そして武蔵ヶ辻にある近江町市場[2]。ここは３００年の歴史を誇る、金沢市民の台所である。狭い小路には約１７０店舗が並び、地元の魚介だけでなく肉や野菜や果物、さ

2

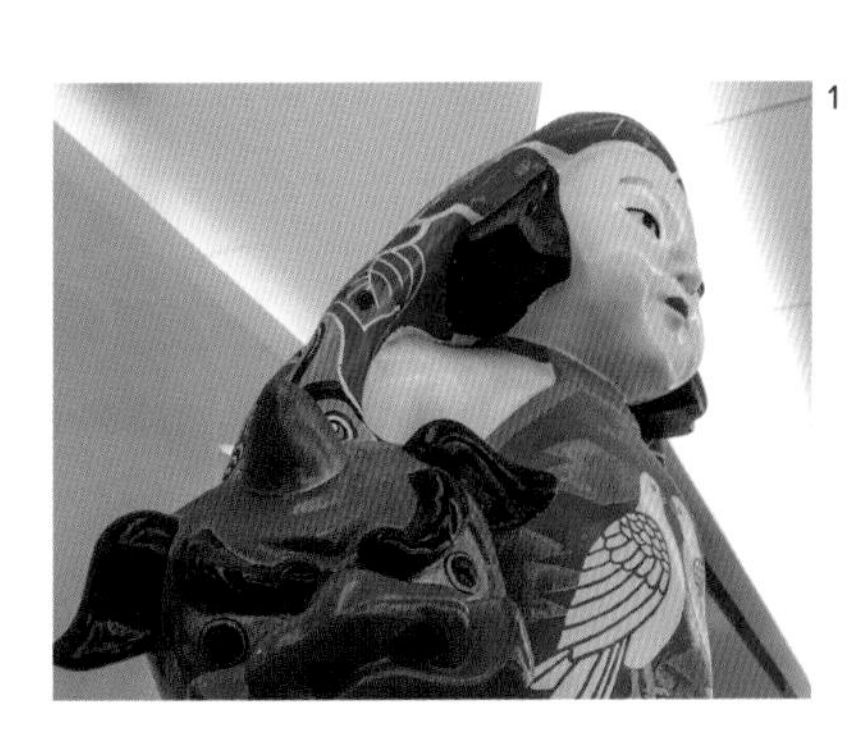

1

らには製菓や衣類も売られている。お勧めはやはり、日本海で獲れた魚介。普通の食堂で、やたらネタが大きくて美味しい寿司や海鮮丼を楽しむことができる。

そんな金沢市をホームタウンとしているのが、Jリーグファンにはお馴染みの[3]ツエーゲン金沢。その前身は1956年創設の金沢サッカークラブで、半世紀後の2006年に現在の名称となり、将来のJリーグ入りを目指すこととなった。クラブ名の由来は「zwei（2）」と「gehen（進む）」。いずれもドイツ語なのは、この年のワールドカップ開催国がドイツだったことにちなむ。ちなみに金沢弁だとツエーゲンは「強いんだ」という意味があるらしい。いささか無理のある、こうしたダブルミーニングは、2000年代半ばによく見られた傾向である。

また、この頃はJリーグを目指すクラブが、全国で次々と出現した時代でもあった。当時の北信越リーグ1部では、ツエーゲン金沢の他に松本山雅FCやAC長野パルセイロ、さらには[4]フェルヴォローザ石川・白山FCがしのぎを削っていた。今となっては想像し難いだろうが、石川県では2008年まで「Jを目指す」2クラブによるダービーが行われていたのである。

結局のところ、フェルヴォは経営が立ち行かなくなり、今はFC北陸というアマチュアクラブとして活動を続けている。近年では、2つのJクラブを持つ県も珍しくなくなった。石川がそうなる可能性も十分にあったと思うが、フェルヴォの場合は時代が少し早すぎたように感じる。あるいは、本拠地が金沢に近すぎる白山でなければ、また違った展開もあり得たかもしれない。

その後、ツエーゲン金沢は2010年にJFLに昇格。2014年に創設さ

3

4

れたJ3のオリジナルメンバーとなり、同年優勝して2015年からJ2クラブとなった。試合会場の石川県西部緑地公園陸上競技場[5]では、フットボール以外にも趣向を凝らしたイベントやマスコットショーを楽しむことができ、近年は他サポからも熱い注目を浴びるようになっている。

石川県の「フットボールのある風景」で、不可欠な構成要素となっているのが、元日本代表の本田圭佑である。ガンバ大阪のユースに昇格できなかった本田は、金沢の星稜高校に進学。卒業後に名古屋グランパスでプロとなり、その後のキャリアは皆さんご存じのとおりだ。金沢に強い恩義を感じている本田は、自らの名を冠したサッカー施設を当地に残している。2011年に落成した、小学生のための人工芝のグラウンド、本田圭佑クライフコート[6]も、そのひとつだ。

このように、石川県のフットボールは金沢市内に集中しているが、旅程に余裕があればぜひ、能登半島にも足を伸してほしい。金沢市内とは違った、石川県の魅力に接することができるはずだ。

ゲンゾー
（ツエーゲン金沢）

石川メシ

新鮮な魚介に加えて、加賀百万石の時代から続く食文化の歴史。金沢は美味なるものに事欠かない。解禁日にいただいた加能ガニは、その美しさにまず圧倒された。美しいものは、例外なく美味しい。

5

6

№ 20

全国を戦う
クラブはないけれど
恐竜なら日本一！

福井県

・総面積　約4190平方km
・総人口　約76万人
・都道府県庁所在地　福井市
・隣接する都道府県　石川県、岐阜県、滋賀県、京都府
・主なサッカークラブ　福井ユナイテッドFC、坂井フェニックスSC
・主な出身サッカー選手　橋本早十、有町紗央里、梅井大輝

福井県は、どちらかというと地味な県である。

以前、福井出身の友人が「福岡県とか福島県とかと、よく間違えられるんだよね」と自嘲気味にぼやいていた。他ならぬ福井県民もまた、自分たちが目立ちにくい存在であることを認めている。

福井県が目立ちにくいのは、北陸なのか中部なのか関西なのか、その区分けが難しいのも一因と思われる。サッカーの区分けでは「北信越」に所属するが、ワールドカップが開催された新潟県や、2つのJクラブがある長野県と比べると、やっぱり地味な印象が拭えない。そもそも福井県にはJクラブはなく、全国リーグを戦うJFLクラブもない。北信越の中で唯一、取り残された感が否めない県でもある。では、福井県には「フットボールのある風景」はないのかと問われれば、決してそんなことはない。

県内には、将来のJリーグ入りを目指すクラブが存在し、地域に根ざした歩みを続けている。さらに言えば、他の都道府県には望むべくもない魅力に溢れていたりもする。一見すると地味ながら、訪れてみると意外な魅力に溢れている福井県。さっそく、ご案内することにしよう。

初めて福井を訪れたのは、全社（全国社会人サッカー選手権大会）が行われた2017年。テクノポート福井スタジアムと三国運動公園は、いずれも福井駅からは距離がある。思案の末、えちぜん鉄道三国芦原線[1]に乗り換えて、あわら市の温泉宿に滞在することにした。地方取材での宿探しは、ついアクセスの良さを優先しがちになるが、福井の場合は温泉とセットで考えたほうが断然楽しい。

1

2

福井県で必ず目にするのが、恐竜。JR福井駅前では、実物大のフクイティタンやフクイサウルス、そしてフクイラプトルが唸り声を上げながらうごめいている。ただし、県内一の「恐竜どころ」は、福井市の隣にある勝山市。これまで5種類の新種の化石が発掘されており、世界三大恐竜博物館のひとつ、[2]福井県立恐竜博物館もある。元恐竜少年としては、絶対に外せない観光スポットだ。

恐博は2000年に開館。地上3階、地下1階という大規模な施設で、長いエスカレーターを下っていくと、タイムトンネルをくぐり抜けて中生代に向かっていくような錯覚を覚える。

館内には、恐竜の全身骨格が44体も展示されており、このうちカマラサウルスやアロサウルスなどの[3]10体は本物の化石。さらに「恐竜ホール」と呼ばれる常設展示室では、実にリアルな恐竜のロボットが出迎えてくれる。

福井県のパブリックイメージといえば、越前ガニでも鯖江のメガネフレームでもなく、やはり恐竜。福井は日本一の恐竜県であり、恐竜は県が世界に誇るコンテンツでもある。となれば、福井県からJリーグを目指すクラブも、恐竜をイメージさせるものとなるのは必定。2006年に誕生した、福井県からJリーグ入りを目指すクラブは、当初「サウルコス福井」と命名された。[4]サポーターが振る大旗にも、もちろん恐竜が描かれている。

しかし現在、サウルコス福井という名のクラブはない。サウルコスの運営会社が経営破綻したため、新会社が設立されてチームを引き継ぐと、名称を[5]福井ユナイテッドFCと改め、クラブカラーやエンブレムも一新。サウルコス時代、何

4

3

度となく地域ＣＬの壁に阻まれたこともあってか、サポーターからも特段の異議はなかった。とはいえ個人的には、県のアイコンである恐竜のイメージが一掃されてしまったのは、何とも残念に思えてならない。

福井県では温泉や恐竜だけでなく、日本海を臨む風光明媚なロケーションにも目を向けたい。最も有名な観光スポット、東尋坊に向かう途中にある「おみやげ通り」では、土産物屋や食事処が充実。三国港から直送された、海の幸も存分に味わうことができる。海鮮丼やウニ丼や刺し身、それからサザエやカニや岩牡蠣などの焼き物もお勧め。海沿いには、お洒落なカフェもあった。

国の天然記念物に指定されている東尋坊[6]は、観光地でありながら自殺の名所としても知られる。今からおよそ１２００万年前、火山活動によって生まれた火山岩が、日本海の波で侵食され続けて現在の形になった。火曜サスペンス劇場の定番ロケ地でもあったので、この絶景を目にした昭和世代は例外なく、岩崎宏美の『聖母たちのララバイ』が脳内でリフレインすることになる。

福井メシ

高級からB級まで、幅広く名物が揃っている福井だが、お勧めはソースカツ丼。薄くスライスした豚肉に、パン粉をつけて油で揚げたカツを濃いめのソースにくぐらせ、温かいご飯に盛りつけて完成だ。

6

5

№ 21

ゆめゆめ「サッカー王国」の一言で済ますなかれ

静岡県

・総面積　約7777平方㎞
・総人口　約362万人
・都道府県庁所在地　静岡市
・隣接する都道府県　神奈川県、山梨県、長野県、愛知県
・主なサッカークラブ　清水エスパルス、ジュビロ磐田、藤枝MYFC、アスルクラロ沼津、Honda FC、藤枝市役所サッカー部、矢崎バレンテ
・主な出身サッカー選手　杉山隆一、風間八宏、大榎克己、三浦泰年、三浦知良、堀池巧、長谷川健太、中山雅史、澤登正朗、相馬直樹、藤田俊哉、名波浩、大岩剛、望月重良、服部年宏、平野孝、伊東輝悦、川口能活、山田暢久、西澤明訓、高原直泰、小野伸二、古橋達弥、市川大祐、鈴木啓太、長谷部誠、内田篤人、大島僚太、北川航也

静岡県は、わが国の「サッカー王国」の中でも、その枕詞が最もしっくりくる土地柄である。全国的にも早くからサッカーが普及し、その豊かな土壌から多くの優れたタレントが生まれたことについては、異論を挟む余地はない。

「サッカー王国」ゆえに、Jリーグ開幕時には静岡のクラブがオリジナル10の仲間入りを果たし、2002年のワールドカップの会場にも選ばれてエコパ[1](静岡県小笠山総合運動公園スタジアム)が作られた。しかし、この「サッカー王国」という表現については、もう少し仔細に観察していく必要がある。

静岡県でも、とりわけ「サッカーどころ」として知られていたのが、旧清水市(現・静岡市清水区)。1956年、堀田哲爾という若き教師が清水市立江尻小学校に赴任し、日本で初めてとなる小学生サッカーチームを創設したところから、伝説は始まる。市内の小学校の選抜チームである清水FCは、1970年代から80年代にかけて圧倒的な強さを誇り、ここから巣立っていった選手たちは、黎明期のJリーグを支えることとなる。

やがて1991年には、当時としては珍しかった球技専用スタジアム、清水市日本平運動公園球技場(現・IAIスタジアム日本平)が作られ、ここで清水エスパルス[2]のホームゲームが開催されるようになる。

Jリーグ開幕時、親企業を持たない唯一のクラブだったエスパルス。当時のJリーグとしても、単なる企業チームのリニューアルではない、地域に根ざしたボトムアップ型のクラブが必要だったのだろう。そうでなければ、県1部リーグの清水FCが、一足飛びにJクラブとなることはなかったはずだ。

2

1

さて、清水の堀田先生がＪＦＡ公認の第1回コーチングスクールを受講した１９７０年、ヤマハ発動機磐田工場にてサッカー同好会が発足する。これが２年後にヤマハ発動機サッカー部となり、ジュビロ磐田[3]の前身となる。余談ながら、地域決勝（現・地域ＣＬ）から初めて全国リーグに到達したのも、実はヤマハ。１９７８年の第２回大会で優勝し、入れ替え戦を制して翌79年から晴れてＪＳＬ（日本サッカーリーグ）２部昇格を果たした。

話をＪリーグ開幕時に戻す。初代チェアマン、川淵三郎氏の回想によれば、Ｊリーグ参入希望クラブの中で、法人格もない任意団体だった清水ＦＣは「いろいろ問題がある」という認識だったらしい。そこで「ヤマハと合併してはどうか？」と打診したところ、双方は異口同音に「無理です」。初代チェアマンの回想は「その後ヤマハが、今回は（清水に）譲ります、と言って引いてくれて実に助かった」と続く。今となっては信じ難い話だが、これもまた歴史である。

「静岡ダービー」といえば、今でこそエスパルスとジュビロ。しかしＪＳＬ時代は、本田技研とヤマハによる対戦を意味していた。前者は浜松市、後者は磐田市が本拠地。両者は天竜川を挟んで対峙しており、いずれも二輪車の生産拠点であったため「天竜川決戦」と呼ばれていた。その後、本田技研はプロ化の波に抗うように、企業チームとして存続することを選択。ＨｏｎｄａＦＣ[4]と名を改め、ＪＦＬの門番として畏敬されているのは周知のとおりである。

静岡県を「サッカー王国」たらしめる、もうひとつ重要な土地が藤枝市である。ＪＲ藤枝駅の改札を抜けると、まず目に飛び込んでくるのが「蹴球都市」[5]の文字。

4

3

日本サッカー界の最初の栄光として語り草となっている、1936年の「ベルリンの奇跡」では、当地の旧制志太中学（現・藤枝東高校）の卒業生が2名含まれていた。戦後には天皇杯決勝が3回開催されるなど、古くから藤枝市は「サッカーのまち」と知られている。この地に新たなJクラブ、藤枝MYFCが生まれるのも必然であった。

静岡県は御殿場から浜松まで、東西に幅広い県である。そのサッカーの歴史は清水以西で語られることが多かったが、県東部も小野伸二をはじめ多くのタレントを輩出。ところが、受け皿となるようなクラブがない。2003年にジヤトコサッカー部が廃部となり、14年にアスルクラロ沼津[6]がJFLに昇格するまで、県東部には全国を戦うクラブが存在しなかったのである。現在J3を戦うアスルクラロもまた、静岡県のサッカーを語る上で重要な構成要素となっている。

ゆめゆめ「サッカー王国」の一言では済ませるなかれ。静岡県には、それぞれの土地に根ざした、フットボールの歴史と文化がある。

蹴っとばし小僧
（藤枝MYFC）

静岡メシ

清水なら海鮮丼、浜松なら鰻と餃子、磐田ならさわやかハンバーグ、そして沼津ならしらす丼。そんな中、個人的に推したいのが静岡おでん。黒いはんぺんとスープに、出汁粉がかかっているのが特徴。

5

6

上／ジュビロ磐田のマスコット、ジュビロくん。モティーフは静岡の県鳥サンコウチョウ。　下／オレンジ色のトンネルから現れた、ピカルちゃん＆こパルちゃん。いずれも清水エスパルスのマスコット、パルちゃんファミリーの一員である。

№ 22

難書漢字に込められた天下人の理想

岐阜県

・総面積　約1万621平方km
・総人口　約198万人
・都道府県庁所在地　岐阜市
・隣接する都道府県　富山県、石川県、福井県、長野県、愛知県、三重県、滋賀県
・主なサッカークラブ　FC岐阜、FC岐阜SECOND、長良クラブ
・主な出身サッカー選手　森山泰行、下川健一、東明有美、松波正信、梅田高志、片桐淳至

唐突だが皆さんは、何も見ないで漢字で「ぎふ」と書けるだろうか？　そんなに画数が多いわけではないのに、普段あまりお目にかからない漢字が2つ並んでいるため、思わずペンが止まってしまう人も少なくないのではないか。

難読漢字ならぬ難書漢字。この「岐阜」という文字を選んだのは、大河ドラマでお馴染み、あの織田信長である。稲葉山城に入った信長は、この地で「天下布武」を宣言。それまで「井の口」と呼ばれていた城下町を岐阜と改める。「岐」は中国の周王朝の始まりである岐山から、そして「阜」は儒教の総本山で孔子の故郷でもある曲阜に由来。天下統一の拠点であり、学問の中心地になることを目指す。文武両道の理想を、中国の故事から選んだのがいかにも信長らしい。なお、稲葉山を金華山と改めたのも、信長である。

ＪＲ岐阜駅の改札を抜けて、北口の駅前広場に出ると、信長公が出迎えてくれる。初めてこの像を見たときは、思わず目を剥いたものだ。何しろピカピカの金色で、高さは台座を除いても3メートルある。「信長公の銅像を贈る会」なる団体が、市制120周年を記念して、制作費3000万円を集めて岐阜市に寄贈。2009年9月に除幕式が行われた。

ところで真冬の旅に出て、車窓から見える関ヶ原の雪景色[1]に感動を覚えた人は少なくないだろう。伊吹山と鈴鹿山脈の間にある関ヶ原は、日本海側からの冷気の通り道になっているため、よく雪が降る。本能寺の変から18年後の1600年（慶長5年）、なぜ岐阜県で「天下分け目」の戦いの火蓋が切られたのか。日本地図を俯瞰すると、その答えがうっすらと見えてくる。本土のほぼ中央に位置し、

1

2

７つの県と接する岐阜こそ、東軍と西軍が激突する「中立地」に相応しい。

岐阜県というと、われわれフットボールファンはどうしても、岐阜市内のイメージだけで、知った気分になってしまう傾向がある。しかし県全体で考えると、山岳地帯が多い北部の飛騨地方と低地面積が広い南部の美濃地方に大きく分かれ、まったく異なる景観を見ることができる。

私がそれを実感したのは、２０１１年に岐阜県で行われた全社（全国社会人サッカー選手権大会）を取材した時のこと。全社は、国体のリハーサル大会でもあるため、会場は広範囲に分散されることが多い。この大会でも、大垣市、飛騨市、養老町で開催されたため、岐阜市以外の風物を体感しながらの取材となった。たとえば、岐阜市の隣で同じ美濃地方の大垣市でさえ、普通に無人駅[2]があって大いに驚いたものだ。全社という大会は、取材する立場からするとアクセスで苦労することが多いが、開催都道府県の「知られざる風景」を発見できる、極めて貴重な機会でもある。

話を岐阜駅前の信長像に戻す。この黄金の像を見ると、私はいつも黎明期[3]のＦＣ岐阜を想起せずにはいられない。ＦＣ岐阜は２００１年に、国体の強化チームとして設立。東海リーグ２部時代の２００５年、岐阜出身の元日本代表、森山泰行が加わったことで明確にＪリーグ入りを目指すこととなった。

当時のＦＣ岐阜（というより森山）は、極めて高い理想に燃えていた。２００６年の取材ノートを読み返すと「今年はクラブとして、10年後も20年後も続いていくスピリットを作っていきたい」という、当人のコメントを確認できる。

3

4

黎明期を牽引した森山であったが、ＦＣ岐阜がＪ２に昇格した２００８年に不本意な形でクラブを去ることとなる。理想に燃えていた時代の記憶は急速に忘れ去られ、その後に訪れた岐阜メモリアルセンター長良川競技場[4]には、まったく質の異なる熱狂が横溢していた。

長良川の試合会場で存在感を示していたのは、２０１７年にクラブの公式マスコットに就任したギッフィー[5]である。岐阜県の県花、れんげ草をモチーフとしており、スケボーとダンスが得意な男の子という設定。２０１８年には、元イタリア代表のアレッサンドロ・デル・ピエロに手紙を出して、ＦＣ岐阜のホームゲームに招待するという偉業も成し遂げている。

マスコットは選手のように、移籍も引退もしない。ゴール裏のＦＣ岐阜サポーター[6]は、ギッフィーは知っていても、森山泰行の功績を記憶する人はごくわずかだ。黎明期のクラブが掲げていたスピリッツは、この地を「岐阜」と命名した信長の想いに、良くも悪くも一脈通じるものを感じる。

ギッフィー
（FC岐阜）

岐阜メシ

現在、各務原市で営業している「湯麺戸塚」。店主は、元日本代表にしてFC岐阜初のプロ監督だった、戸塚哲也さんである。美味しい湯麺と上質なサッカー談義が、同時に味わえるお勧めのお店だ。

6

5

№ 23

名古屋だけではない！尾張と三河の「連邦」県

愛知県

・総面積　約５１７３平方km
・総人口　約７５４万人
・都道府県庁所在地　名古屋市
・隣接する都道府県　長野県、岐阜県、静岡県、三重県
・主なサッカークラブ　名古屋グランパス、ＦＣマルヤス岡崎、ＦＣ刈谷、中京大学ＦＣ、ＮＧＵラブリッジ名古屋
・主な出身サッカー選手　竹本一彦、中西哲生、秋田豊、盛田剛平、鄭大世、瀬戸貴幸、伊藤翔、宮市亮、三浦弦太、杉森考起

愛知県といえば、まず思い浮かぶのが県庁所在地の名古屋である。徳川御三家の筆頭格だった尾張藩が、維新後の廃藩置県により「名古屋県」となったが、わずか1年足らずで現在の愛知県に改称。しかし県外の人間からすれば、どちらかと言えば愛知より名古屋のほうが、地名としては馴染み深い。

名古屋市といえば、Jリーグ開幕のオリジナル10に名を連ね、J1優勝経験もある名古屋グランパスの本拠地として知られる。ただし、現在メインで使用している、スタジアムの所在地は豊田市。ここで留意すべきは、名古屋は尾張に、豊田は三河に、それぞれ属していることだ。そして尾張と三河、異なる文化圏が「連邦」状態となっているのが、愛知県なのである。

尾張と三河では、まず言葉の語尾が異なる。前者が「みゃー」「だがね」なのに対し、後者は「じゃん」「だらぁ」。また愛知の食についても、エビフライやきしめんは尾張産だが、八丁味噌は三河産である。当地のフットボールに関していえば、現時点では名古屋（＝尾張）ばかりが目立っているものの、最近は少しずつ三河も存在感を増してきている。

名古屋を擁する尾張に対して、三河の人々が対抗できるキラーコンテンツといえば、徳川家康[1]。戦国の世を終わらせて、江戸幕府を開いた家康公が生まれた岡崎城は、まさに三河の地にある。城に隣接する岡崎公園では、家康の像や史跡が見られるのだが、ここを訪れるなら桜の季節がお勧め。８００本ものソメイヨシノの桜吹雪が、視界いっぱいに広がる風景は圧巻である。

一方、尾張の地が全国に誇るのが名古屋城。天守閣に飾られた金の鯱[2]があま

1

2

りにも有名で「金鯱城」と呼ばれるほどである。この金の鯱が２０２１年３月、コロナ禍で疲弊した地元観光業の活性化を目指し、05年の「愛・地球博」以来16年ぶりに地上に下ろされていた。金の鯱のオリジナルは１９４５年の名古屋大空襲により焼失したが、59年に大阪造幣局職員の手によって復元。一対に使用された金の重量は88キログラムにも及ぶ。

名古屋市内にあるパロマ瑞穂スタジアム（通称・瑞穂）[3]は、１９４１年に建設された歴史ある施設で、２回の国体（１９５０年、94年）の会場にもなっている。グランパスがここでホームゲームを開催するようになったのは、改修工事が終わった１９９４年のセカンドステージから。以後、さまざまなドラマが演じられてきた。そんな瑞穂も、老朽化に加えて２０２６年のアジア競技大会の会場となることから、大規模な改修工事に入ることが決定。２０２０年12月には、盛大なセレモニーが行われている。

グランパスのもうひとつの拠点、三河の豊田市はかつて「挙母市（ころもし）」という名称だった。トヨタ自動車の企業城下町として、現在の名称となったのは１９５９年のこと。そして２００１年には、豊田スタジアム[4]が完成する。当初は２００２年ワールドカップの試合開催が目的であったが、残念ながら開催地の選からは漏れてしまう。それでも国内２番目の規模を誇る球技専用スタジアムゆえに、グランパスの試合以外でも日本代表戦や数々の国際大会の会場となった。

そんな三河には、地域に根ざしたＪＦＬクラブが２つもある。そのうちのひとつ、ＦＣマルヤス岡崎[5]は１９６８年、自動車部品会社のマルヤス工業サッカー

3

4

部として創部。長年にわたり、東海リーグで活動を続けてきた実績が認められ、２０１４年からＪＦＬで活動を続けている。しばらくは名古屋市港サッカー場でホームゲームを開催していたが、２０２１年に岡崎市龍北総合運動場が完成。ようやく岡崎市でも、全国リーグの試合が開催されることとなった。

そしてもうひとつが、サッカーどころとして知られる刈谷市を本拠とする、ＦＣ刈谷[6]である。前身は、１９４９年に創設された日本電装サッカー部。２００６年に現在の名称となり、地域に根ざしたクラブ運営を目指すも、09年に東海リーグに降格してしまう。それから苦節12シーズン目にして、ようやくＪＦＬに復帰。２０２１年からは、三河ベイフットボールクラブ株式会社がチームを運営することとなり、本格的にＪリーグ参入を目指すこととなった。

２０２１年という年は、岡崎市と刈谷市のサッカー関係者にとって、記念すべきシーズンとなった。三河の「フットボールのある風景」は、ここから大きく変容していくのかもしれない。

グランパスくん
（名古屋グランパス）

愛知メシ

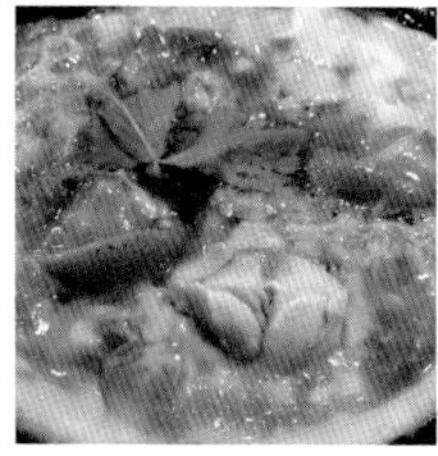

味噌煮込みうどん、味噌カツ、手羽先、エビフライ、土手煮、きしめんなどなど、みんな大好き「なごやめし」。そんな中、名古屋コーチンの肉と玉子を用いて、絶妙な火加減で生み出される親子丼もお勧めだ。

5

6

「師匠」の名で親しまれている、グランパスくん。そのモティーフはシャチだが、水棲動物にしては陸上で活発に活動している。一般的なマスコットと異なり、モノトーンのカラーリングゆえにグッズに転用しやすいデザインとなっている。

№ 24

Jクラブ空白地帯なれど多様性と起伏に富んだ県

三重県

・総面積　約５７７４平方km
・総人口　約１７８万人
・都道府県庁所在地　津市
・隣接する都道府県　岐阜県、愛知県、滋賀県、京都府、奈良県、和歌山県
・主なサッカークラブ　ヴィアティン三重、鈴鹿ポイントゲッターズ、ＦＣ伊勢志摩、伊賀ＦＣくノ一三重
・主な出身サッカー選手　樋口靖洋、阪倉裕二、中西永輔、小倉隆史、間瀬秀一、水本裕貴、金崎夢生、山口蛍、浅野拓磨、森島司

三重県は私にとり、ずっと謎めいた県であった。47都道府県の中で、最後にようやく踏破できたのも、実は三重県。理由のひとつは「Ｊクラブ空白地帯」であることは大きかったが、さりとて「サッカー不毛の地」というわけでもない。

高校サッカーでは、四日市中央工業、津工業、海星、三重などが強豪校として知られる。ＪＦＬでは、ヴィアティン三重と鈴鹿ポイントゲッターズによるダービーが実現。さらに目をこらせば、東海リーグのＦＣ伊勢志摩、県1部所属のＴＳＶ1973四日市が、将来のＪリーグ入りを目指している。

県内は、北勢、伊賀、中勢、南勢、東紀州の5地域に区分され、もともと多様性に満ちた土地柄であった。Ｊクラブこそないものの、実は「群雄割拠」の状態が続いているのが三重県。そして、その土地柄もまた、実に多様性と起伏に富んでいる。さっそく、２つのＪＦＬクラブから読み解いてみることにしたい。

[1]鈴鹿ポイントゲッターズのホームタウン、鈴鹿市といえば、モータースポーツの聖地として世界的に有名である。東は伊勢湾に面し、西には鈴鹿山脈。海の風景と山の風景、いずれも徒歩圏内で愉しむことができる。多様性に満ちて起伏に富んだ地域性は、さながら三重県の縮図のようにも感じられる。

鈴鹿ポイントゲッターズは、誤解を恐れずに言えば「とらえどころのない」クラブである。たとえば、クラブ名の変遷。ＪＦＬに昇格した当初、このクラブは「鈴鹿アンリミテッドＦＣ」という名称で活動しており、さらにその前は「ＦＣ鈴鹿ランポーレ」だった。

[2]鈴鹿のサポーターは、クラブの「とらえどころのない」戦略に、しばしば翻弄

1

2

されてきた。地域リーグ時代、女性向けの美容エナジードリンク「お嬢様聖水」が、ユニフォームの胸スポンサーに入った時も、そのパワーワードぶりに戸惑いを禁じ得なかった様子。しかし宣伝効果は顕著で、普段は地域リーグに見向きもしないサッカーファンの間でも「鈴鹿＝お嬢様」が定着する。

一方でクラブは２０１９年、新監督にスペイン人の女性指導者、ミラグロス・マルティネス・ドミンゲス（通称・ミラ）を招聘。全国リーグを戦うクラブの女性指導者は、日本では彼女が初である。実は鈴鹿市は、市長をはじめ教育庁や商工会議所のトップも女性。そうした土地柄とはいえ、女性指導者の起用は時代を先取りする発想であり、結果としてクラブの存在を広く知らしめることとなった（ミラ監督は２０２１年7月に退任）。

そんな鈴鹿ポイントゲッターズとダービー関係にあるのが、彼らよりも2年早くＪＦＬに昇格しているヴィアティン三重。そのホームゲームを取材するべく、三岐鉄道北勢線[3]というマニアックな路線に乗車した。スタジアムの最寄りは、東員という駅。多くの乗客が下車したので「ヴィアティン、人気あるんだな」と思っていたら、彼らのお目当ては一面に咲き乱れるコスモスの花であった。

ヴィアティン三重[4]は、もともと桑名市で生まれたクラブ。現在は他に、いなべ市、員弁郡東員町、桑名郡木曽岬町、三重郡菰野町、川越町、そして朝日町をホームタウンとしている。２０１２年に県3部からスタート。以降、1年ごとにカテゴリーを上げ、設立わずか5年目で全国リーグにたどり着いた。ちなみにヴィアティンとは、オランダ語で「14」の意味（ただし発音は「フィーアティン」）。クラ

3

4

ブカラーもオレンジで、ヨハン・クライフへの強いシンパシーが感じられる。

ヴィアティンのホームゲームが行われるのが、朝日ガスエナジー東員スタジアム[5]。5000人規模の施設だが、クラブカラーが随所に施されていて、実に雰囲気の良いスタジアムだ。ヴィアティンの関連会社が、指定管理者となっていることを知って納得。2020年のヴィアティンは、あと一歩のところで昇格のチャンスを逃してしまった。それでも遠からず、ここでJ3の試合が開催されることだろう。

ところで三重県といえば、2021年の「三重とこわか国体」の開催地。国体のマスコットは、都道府県のパブリックイメージが色濃く反映されるが、三重県がモティーフに選んだのは、何と伊勢海老[6]！節足動物を大会マスコットにしてしまう、その柔軟すぎる発想には、惜しみない拍手を贈りたいところだ（ちなみに名前は「とこまる」という）。

三重メシ

桑名の名物といえば蛤。こちらの蛤茶漬けは2000円と、ランチにしては若干お高め。桑名は東海道の宿場町としても知られ、当地の蛤は江戸時代から幕府に献上されていたことを思えば納得できよう。

6

5

コラム3

土着的なサポーターをリスペクトする理由

地方都市の取材で、いつも楽しみにしているのが、ホーム側のサポーターが発するチャントや応援のリズムである。

たとえば、ラインメール青森なら「らっせらー、らっせらー」。FC琉球なら「いーやさっさ、いーやさっさ」。ラインメールはJFL、琉球はJ2の所属。いずれも全国リーグなので、現地に行かずとも、こうしたチャントに接する機会は意外とあったりする。

だが、ここで立ち止まって考える必要がありそうだ。なぜなら、ムサ陸に来場していたラインメールのサポも、味スタで見かけた琉球サポも、必ずしも青森や沖縄から遠征してきているわけではないからだ。

もちろん、皆無ではないだろう。さりとて、地元から新幹線や飛行機で駆けつけるサポーターは、おそらく少数派。声出しサポの多くは、首都圏在住者と思われる。実際のところ、地方クラブには県人会的な「関東支部」を持つところが少なくなく、関東の試合でのサポート活動は彼らの力に負うところが大だったりする。

もっとも、進学や就職を機に上京したサッカーファンが、無条件で故郷のクラブをサポートしているかといえば、必ずしもそうではない。身近に魅力的なクラブがあれば、当然そのホームゲームを観に行くだろうし、それがきっかけでファンやサポーターとなる可能性も高い。

もちろん、逆のパターンもある。最初は近所のクラブを応援していたけれど、故郷にJを目指すクラブができたことで、眠っていた帰属意識に火が点く人もいるだろう。あるいは近所と故郷、両方のクラブを同じくらい応援する人だっている。

サッカーファンの帰属意識は、人それぞれ。間違いなく言えるのは、首都圏に流入した地方出身者ほど、その選択肢の幅は広い、ということだ。故郷のクラブを応援するもよし。あるいは、現住所の近くにあるクラブを応援するもよし。

それでは、地元から離れない、あるいは地元で骨を埋める覚悟を決めた、サッカーファンの場合はどうか。おそらく、地元のクラブ一択であろう。行ったこともない土地のクラブを応援することも、あるいは地元に2つも3つもクラブがあることも、どちらも考えにくいからだ。

いささか回り道になってしまったが、私が言わんとしていることが、ある程度はご理解いただけたのではないかと思う。

いわゆる関東支部がメインとなる、ビジターのゴール裏というものは、一定以上の再現性をもって「ご当地感」を作り上げ

ているとは思う。それでもネイティブの度合いでいえば、やはりホームゲームの濃度とは比べるべくもない。都心の物産展で売られているものよりも、その土地でいただく食材のほうが美味いのと同じ理屈である。

地域の土着的なサポーターに、私が感銘を受けるのは、ゴール裏で披露する応援スタイルだけではない。彼ら彼女らは、自分たちのサポートクラブやホームタウンについても、極めて重要な情報やインスピレーションを私に与えてくれる。

もちろんネットで検索すれば、ある程度のリサーチは可能だ。けれども私は、その土地に暮らし、その土地で働き、その土地のフットボールを愛する人たちの肉声のほうを重視する。なぜなら、彼ら彼女らから得られる情報のほうが、格段に解像度が高いからだ。

さすがにコロナ禍以降は控えているが、以前はよく「グループインタビュー」と称し、試合の前後に地元サポーターの飲み会に呼んでもらったものだ。幸い、私の名前や仕事をご存じの方も多いので、皆さん喜んでいろんなことを教えてくれる。

特に地方クラブを取材する場合、地域間の文化的・経済的な差異、あるいはサッカー界の人間関係に関する情報は、意外と重要である。これを把握しているのといないのとでは、原稿の深みがまるで違ってくる。私の書くものに、豊かな彩りを与えてくれるのもまた、地域の土着的なサポーターたちである。

もし私の仕事が首都圏で完結していたら、こうした出会いは望めなかっただろう。そして地方が抱える根深い問題や、地域にサッカークラブがあることの素晴らしさについて、深く取材することもなかったと思う。

Jリーグがクラブ数を増やしていったことで、気がつけば全国津々浦々に取材に赴くようになり、サッカーを通じてさまざまな出会いを経験することができた。一期一会で終わった方も多いが、10年近く付き合いのある方も少なくない。その大半は、地方のスタジアムのゴール裏や、サポーター行きつけの酒場で出会った人たちである。

ある地名が話題に上ると、私はその土地のクラブをまず思い出し、そしてクラブを応援し続ける人々の顔を思い浮かべる。選手やフロントは、いずれ去ってゆく。けれども地元のサポーターは、その地で暮らし続け、よほどのことがない限り、その地で生涯を終えることだろう。

その潔い生き方に、私は心からのリスペクトの念を抱かずにはいられない。いつの日かコロナの不安が払拭された時には、旅先でのサポーターとの一献を心ゆくまで楽しみたい。

そう、心から願っている。

№ 25

日本が世界に誇る古代湖と「中心がない」土地

滋賀県

・総面積　約4017平方km
・総人口　約141万人
・都道府県庁所在地　大津市
・隣接する都道府県　福井県、岐阜県、三重県、京都府
・主なサッカークラブ　MIOびわこ滋賀、レイジェンド滋賀FC、ルネス学園甲賀サッカークラブ
・主な出身サッカー選手　美濃部直彦、上野展裕、井原正巳、中田浩二、乾貴士

滋賀県は、日本に8つある内陸県で唯一、漁港がある県である。それはもちろん、日本最大の湖である琵琶湖があるからだ。

では「湖国」のフットボールといえば、何をまず思い浮かべるだろうか？　高校サッカーのファンならば「セクシーフットボール」で一斉を風靡した野洲高校。ＪＦＬをウォッチしている人ならば、ＭＩＯびわこ滋賀、あるいは今はなき佐川滋賀ＳＣを思い出すかもしれない。

Ｊクラブがなく、Ｊリーグ百年構想クラブもない滋賀県。私はこの県を「中心がない土地」と捉えている。滋賀県を取材する時、どこを宿泊先選ぶべきか、非常に悩ましいからだ。県庁所在地は、京都府に近い大津市。その隣が、ＭＩＯびわこの本拠地である草津市。さらに隣が、佐川滋賀のホームゲームが行われていた守山市。そのまた隣が、野洲高校のある野洲市。そして安土城で知られる近江八幡市を挟んで、ＭＩＯびわこのホームゲームが行われる東近江市がある。

県の中心は、あくまでも琵琶湖。その周りを取り巻く各市は、大津市を含めて県の中心となり得る磁場が、あまり感じられない。

そんなわけで、まずは大津市の大津湖岸なぎさ公園[1]からスタートしたい。県の総面積の6分の1を占めるだけあり、琵琶湖のほとりに佇んでいると、海を見ているかのような開放感に浸ることができる。実は琵琶湖は、ロシアのバイカル湖やタンザニアのタンガニーカ湖に次いで成立が古く、およそ100万年前まで遡ることができる。まさに、日本が世界に誇る古代湖なのである。

大津市の隣にある草津市には、東海道と中山道が交わる地点を示す追分道標[2]が

1

2

ある。東海道五十三次の52番目にして、中山道六十九次の68番目。幾多の宿場町を貫きながら、2つの街道はここ草津宿で合流し、大津宿を経て京の二条城に至る。交通の要衝ゆえに、草津は昔から宿場町として大いに栄える一方、「近江を制する者は天下を制す」として、戦乱の舞台となることもしばしばであった。

草津市から、ちょっと寄り道することにしよう。[3]たぬきの焼き物で有名な甲賀市信楽町は、JR草津線から貴生川駅で信楽高原鐵道に乗り換え、信楽駅で下車。大小さまざまなたぬきたちが、旅人の心を癒やしてくれる。まさにNHK朝の連ドラ『スカーレット』の世界観だ。

県内で唯一、全国リーグを戦っているMIOびわこ滋賀は、2005年に「Mi-Oびわこ Kusatsu」というクラブ名で、当初は草津市のクラブとして活動をスタートさせている。しかし同市には、JFLを開催できるスタジアムもなければ、練習グラウンドもない。東近江市にスタジアムが完成するまでの間、主に[4]湖南市市民グラウンド陸上競技場を使用していたが、ピッチコンディションは劣悪そのものであった。

MIOびわこが試合会場に苦慮している間、充実した施設を誇っていたのが2007年に誕生した佐川滋賀SCである。佐川東京と佐川大阪、JFLに所属していた2つのサッカー部が合併。守山市にある、[5]SGホールディングスグループ健康保険組合守山陸上競技場を本拠地として、廃部となる前年の2012年までJFLで優勝争いを続けていた。

現在、MIOびわこのホームゲームが開催されている[6]布引グリーンスタジ

3

4

アムは、２０１０年秋に「東近江市布引運動公園陸上競技場」としてオープン。滋賀県下では最古の私鉄である、近江鉄道の八日市線と本線を乗り継ぎ、大学前駅から徒歩15分の場所にある。会場では、２０２５年に開催される「わたＳＨＩＧＡ輝く国スポ・障スポ」のマスコット、キャッフィーに会うこともできた（国民体育大会は２０２４年より「国民スポーツ大会」に改称）。

試合のハーフタイムで『ＳサイズＲａｄｉｏ』という3人組のバンドが登場。彼らが演奏する、ＭＩＯびわこの応援ソング『君の声』を聴きながら、あらためてクラブの越し方を想った。

県内で最もＪリーグに近いＭＩＯびわこだが、県協会からサポートを受けられない悲哀を長らく味わってきた。県協会がバックアップする、レイジェンド滋賀ＦＣとの合併も模索されたが、あえなくご破算。これもまた「中心がない」県ゆえのことであろうか。ＭＩＯびわこが滋賀県民にとり、琵琶湖のように誇れるような存在になるには、まだまだ時間がかかりそうだ。

滋賀メシ

草津市の銘菓「姥が餅」。女性の乳房をモティーフにしているのが特徴で、江戸の昔から草津宿の茶屋で出されていた。松尾芭蕉や与謝蕪村も旅の途中に食し、歌川広重や葛飾北斎も浮世絵に残している。

5

6

№ 26

「そうだ京都、行こう」と思わせる新スタジアム

京都府

・総面積　約4612平方km

・総人口　約256万人

・都道府県庁所在地　京都市

・隣接する都道府県　福井県、兵庫県、三重県、滋賀県、大阪府、奈良県

・主なサッカークラブ　京都サンガF.C.、おこしやす京都AC、ASラランジャ京都、京都紫光サッカークラブ

・主な出身サッカー選手　釜本邦茂、川勝良一、柱谷幸一、柱谷哲二、松井大輔、家長昭博、森岡亮太、宇佐美貴史、駒井善成

「そうだ京都、行こう」――。

長塚京三によるナレーションと、京都の観光地の映像が流れるJR東海の有名なCMが始まったのは、Jリーグが開幕した1993年のこと。翌年の平安遷都1200年記念事業に合わせて、秋の清水寺からスタートし、冬の三十三間堂、春の平安神宮、夏の祇園と続いていく。京都府ほど、日本的な風物が凝縮されていて、なおかつ歴史を感じさせる都道府県はない。

京都のどこで撮影したのかは記憶にないのだが、以前「西陣織サッカーボール」[1]というものを見つけてカメラに収めたことがある。京都府染織青年団体協議会が贈呈したもので「平成十四年」とあるから、2002年のワールドカップ日韓大会を記念して贈呈されたのだろう。どういう経緯で作られたのかは不明だが、これを見た時に「いかにも京都らしいな」と感じた。

良くも悪くも保守的とされる京都だが、長く日本の政治や文化の中心だったがゆえに、実は新しいものに敏感な一面も持ち合わせている。日本中を巻き込んで盛り上がったワールドカップに対し、伝統的な染織工芸を生業とする人々も、おそらくは傍観者を決め込むことができなかったのではないか。

大阪府の2クラブに次いで、関西で3番目のJクラブがこの地に誕生したのも、京都の人々の「新しもの好き」が、多少は影響していたと思われる。現在の京都サンガF.C.が「京都パープルサンガ」としてプロ化したのは1994年。Jリーグ開幕翌年であり、まさに平安遷都1200年の記念すべき年であった。

もっともサンガは「ぽっと出」のクラブではない。その源流をたどると、

1

2

１９２２年（大正11年）創設の京都紫光クラブに行き着く。それから72年後のプロ化にあたり、アマチュアを続ける選手たちの受け入れ先となったのが、関西リーグ２部所属の京都紫光サッカークラブ。そして関西１部、おこしやす京都ＡＣもまた紫光の流れを受け継いでおり、いずれもクラブカラー[2]は紫である。

「そうだ京都、行こう」となった時、府内には空港がないので、多くの人は新幹線を利用することになる。そして京都駅の烏丸中央口を出て、旅人がまず目にするのが京都タワー[3]。白い円筒状のクラシカルな塔で、上部の展望台からは京都市内を一望できる。京都タワーが創業したのは１９６４年だが、建設にあたっては「古都の美観を損ねる」とのことから大論争になった。それでも、国際文化観光都市の表玄関に近代的なタワーを建設したところに、京都人の新進性を見る思いがする。

京都観光[4]については、専門のガイドブックをご覧いただいたほうがいいだろう。ここで強調しておきたいのは、京都で「フットボール観戦だけ」というのは、あまりにももったいないということだ。できれば試合日の前後に、観光の予定を入れておくことをお勧めする。加えて言えば、桜や紅葉の季節になると間違いなく宿が満室となるので、予約はお早めに（食事についても同様）。北海道や沖縄を遠征するのと、同じくらいの綿密な段取りで臨みたいところだ。

２０１９年まで、サンガのホームゲームが開催されていた、京都市西京極総合運動公園[5]。その歴史は古く、昭和天皇御成婚奉祝記念事業として１９３０年に総合運動公園の建設が計画され、戦後間もない46年に開催された第１回国民

3

4

体育大会では陸上競技場兼球技場がメイン会場となった。その後、１９８５年と96年に拡張工事が行われたが、設備が時代にそぐわなくなっていたのは明らか。やがて京都のサッカー関係者の間で、新スタジアム建設の機運が高まってゆく。

京都府内に新スタジアムを作るという構想は、実は20世紀から存在していた。まず、２００２年ワールドカップの開催都市に立候補した１９９５年。その３年後には、大阪五輪構想に呼応してサッカー競技の開催地を目指す案が浮上する。どちらの計画も頓挫したが、イベントありきのスタジアム建設とならなかったのは、結果としてよかったのかもしれない。

新スタジアムの建設地に、亀岡市が選ばれたのは２０１２年のこと。さまざまな紆余曲折を経て、２０２０年に「サンガスタジアム by ＫＹＯＣＥＲＡ」[6]としてオープンした。ＪＲ亀岡駅から徒歩5分というアクセスの良さ、そして京都らしい落ちついた佇まいは、新しい観光名所となる条件を十分に満たしている。まさに「そうだ京都、行こう」と思わせるスタジアムである。

パーサくん＆コトノちゃん
（京都サンガF.C.）

京都メシ

京都駅近くの「新福菜館本店」は、癖になる黒いラーメンとチャーハンで有名。いかにも町中華風の店内には、観光客の姿もちらほら。雅のイメージと異なる、もうひとつの京都を楽しむことができる。

5

6

紫で統一されたスタンド。そして豊かな緑のピッチに、スプリンクラーの放物線が重なる。サンガスタジアムの魅力は、単にピッチの近さだけでない。ランドスケープとしての美しさにも、新時代のスタジアムの理想形が感じられる。

№ 27

フットボール成分薄めでも「プラスアルファ」に事欠かない

和歌山県

・総面積　約4725平方km
・総人口　約91万人
・都道府県庁所在地　和歌山市
・隣接する都道府県　三重県、大阪府、奈良県
・主なサッカークラブ　アルテリーヴォ和歌山
・主な出身サッカー選手　森下仁志、駒野友一、酒本憲幸

日本最大の半島である紀伊半島の南西側に位置し、豊かな山と美しい海に囲まれた和歌山県は、フットボール成分薄めの県のひとつである。全国でも数少なくなったＪクラブの空白県であり、なおかつ全国リーグに参戦するクラブがない。遠征大好きなＪリーグファンでも、わざわざサッカー観戦のために和歌山を訪れた人は、ごくごく少数派であろう。

ところで遠征が大好きな人の中には、サッカー観戦「プラスアルファ」に価値を見出す人が一定数存在する。すなわち、グルメであったり、温泉であったり、大自然であったり、お城であったり、鉄道であったり、あるいはマスコットであったり。それら、ほぼすべてを満たしているのが、実は和歌山県。しかも、日本サッカーの歴史さえも体感できるのだ。そんな和歌山の魅力を、さっそく紹介することにしたい。

初めて私が、和歌山を訪れたのは２０１４年。この年、同県で行われた全社（全国社会人サッカー選手権大会）[1]の取材が目的だった。全社は、国体開催の前年に行われるリハーサル大会でもあるため、会場が広範囲に点在していることが多い。和歌山大会の会場は、橋本市、紀の川市、新宮市、上富田町、串本町。移動が難しかったので、この時は上富田町での試合のみをチョイスした。だが今にして思えば、あちこち訪ね歩いてもよかったのかもしれない。

それからしばらく経って、再び和歌山の地を訪れる機会を得た時、絶対に訪れようと思ったのが県南部の熊野である。熊野といえば、熊野本宮大社、熊野速玉大社、熊野那智大社からなる熊野三山が有名。このうち熊野本宮大社は、神武天

1

2

皇を大和国の橿原（かしはら）まで先導した、八咫烏（やたがらす）が祀られていることでも知られている。そう、ＪＦＡのエンブレムにも描かれている、３本足の八咫烏だ。

ＪＲ新宮駅前からバスに乗車。鬱蒼とした山道と、キラキラ光る熊野川[2]を眺めながら、１時間20分で熊野本宮大社に到着する。仏教、密教、そして修験道の聖地とされる熊野は、かつては「阿弥陀如来が住まう場所」とされていた。ここから１５８段の石段を登るにつれて、神の領域に近づいていることを実感する。

八咫烏[3]を大日本蹴球協會（ＪＦＡの旧称）のシンボルに選んだのは、漢文学者にしてサッカー指導者だった内野台嶺（１８８４－１９５３）。日本に初めてサッカーを紹介した、中村覚之助（１８７８－１９０６）という人物が那智勝浦町出身ということで、熊野那智大社の八咫烏をモティーフにしたという。つまり熊野本宮大社は、実はＪＦＡの八咫烏とは直接の関係性はない。それでも必勝祈願で訪れる関係者は、今も後を絶たないと聞く。

熊野路の旅を終えて、特急「くろしお」に乗車。新宮駅から和歌山駅まで３時間20分、紀伊半島をぐるりとめぐる鉄道旅である。車窓から見える、夕暮れ時の[4]太平洋の何と美しかったことか。和歌山のランドスケープは、とにかくダイナミック。そして実にゆったりとした、非日常的な時間が流れている。

和歌山市には徳川御三家のひとつ、紀州藩紀州徳川家の居城だった和歌山城がある。第２次世界大戦末期の空襲で城は消失したが、１９５８年に再建。現在、本丸と二の丸が和歌山城公園[5]となっており、園内には和歌山城公園動物園、その周辺には県庁舎や県立の美術館や博物館、さらには商業施設やオフィス街もある。

3

4

まさに、江戸時代からの連続性を感じさせる街並み。夜には、天守閣がライトアップされる。

最後に、県内からJリーグ入りを目指している、アルテリーヴォ和歌山[6]を紹介しよう。その練習グラウンドは、南海線沿線の西松江緩衝緑地公園にある。巨大な工場の煙突を遠景に、人工芝のグラウンドで汗を流す選手たち。彼らが所属する関西リーグ1部は、全国で9つある地域リーグの中でも、とりわけコンペティティブなことで知られている。アルテリーヴォがJの舞台にたどり着くのは、果たして何年後になるだろうか？

今はJクラブもなければ、全国リーグを戦うクラブもない和歌山。それでも、大自然もお城も鉄道も楽しめるし、熊野路まで足を伸ばせば本場の八咫烏を拝むことができるし、白浜や勝浦には温泉もある。そしてアルテリーヴォのホームゲームに行けば、レアなマスコット「リーヴォ君」に遭遇できるかもしれない。「最近、旅がマンネリ化している」という方にこそ、和歌山県はお勧めだ。

和歌山メシ

和歌山では魚料理がお勧めだが、ここは地元産の鯨やイルカに挑戦したい。西欧人が目を剥くであろう、このイルカの刺し身。コリコリした歯ごたえと独特の滋味深さ、そして非日常を同時に味わえる。

5

6

№ 28
「鹿」がつなぐ文化遺産と老舗商店とサッカークラブ
奈良県

・総面積　約3690平方km
・総人口　約132万人
・都道府県庁所在地　奈良市
・隣接する都道府県　三重県、京都府、大阪府、和歌山県
・主なサッカークラブ　奈良クラブ、ポルベニル飛鳥
・主な出身サッカー選手　楢崎正剛、都築龍太、矢部次郎、林丈統、北本久仁衛、前田俊介、古橋亨梧

奈良県といえば、京都をしのぐ古都であり、国内最多の国宝建造物数を誇り、天平の時代には「シルクロードの終着点」という国際都市の側面も持っていた。そんな奈良を本拠としているのが、ＪＦＬ所属の奈良クラブ。これまで何度も取材しているのだが、せっかく奈良を訪れたのに観光もせず、さっさと県外に出てしまうのが常であった。随分ともったいなく、失礼なことを繰り返してきたと思う。Ｊリーグが主戦場のフットボールファンも、わざわざＪＦＬ観戦で奈良を訪れた人は、そんなに多くはないはずだ。

県外の人々のベクトルが奈良に向きにくいのは、京都と大阪というインパクト抜群の2府が隣接していることと無縁ではあるまい。つまり、雅の京都とコテコテの大阪に対し、わかりやすいイメージを打ち出せていないのである。そんな古都の隠れた魅力について、重要な気付きを与えてくれたのが、やはり奈良クラブ。そして水先案内をしてくれたのが、現地に棲息する「鹿」たちであった。

近鉄奈良駅を下車すると、まず出迎えてくれるのが、せんとくん[1]。もともとは「平城遷都１３００年祭」の公式マスコットキャラクターとして、２００８年にデビューしている。すでにお忘れの方もいるかもしれないが、童子に鹿の角をはやした斬新なデザインは、当初は全国レベルでの拒否反応を引き起こした。幸い白紙撤回とはならず、せんとくんはその後、奈良県の観光マスコットに転身。今も県外からの旅行者を温かく出迎えている。

奈良の観光スポットを効率的に回るのであれば、奈良公園[2]に行くのが一番。近隣には、春日大社、東大寺、興福寺があるからだ。そして行く先々で出会うのが、

1

2

鹿、鹿、そして鹿。なぜ、奈良公園にこれほどの鹿がいるのか。それは春日大社の祭神、建御雷命（たけみかづち）が鹿島神宮から白鹿に乗って、当地に遷ってきた伝説に由来する。かくして鹿は、神様の使いの「神鹿」として尊ばれるようになり、今も大切に保護されている。

興福寺の南円堂は、藤原冬嗣によって813年（弘仁4年）創建され、江戸時代中期の1789年に再建されたものが、重要文化財に指定されている。その南円堂にて、対になった鹿の門帳[3]を発見。オリジナルは正倉院の宝物「麟鹿草木（りんろくくさき）夾纈屏風（きょうけちのびょうぶ）」で、さらに源流をたどるとササン朝ペルシャにまで行き着く。野山に遊ぶ鹿の生態を活写した、このデザイン。奈良クラブのサポーターなら、おそらくピンと来るはずだ。そう、古くからクラブと関わりがある、中川政七商店[4]の商標である。

中川政七商店は、300年以上前の1716年（享保元年）に奈良で創業。もともとは、手績み手織りの麻織物を扱う老舗で、当主は代々「中川政七」を襲名している。奈良クラブの前社長、中川政七氏は13代目。中川政七商店の社長時代は、新ブランドの立ち上げやコンサルティング業務などの事業拡大を推し進め、店舗数と売上を一気に伸ばした。経営者として中川氏は、とりわけブランディングの素養に優れ、現在の中川政七商店の卓越したブランド戦略も、この人によって確立された。

奈良クラブは、2019年からロゴデザインを一新したが、一方で鹿をあしらったエンブレム[5]も併用している。そしてデザインといえば、忘れてならないの

3

4

が奈良クラブのユニフォーム。蔦蔓（つたかずら）、鹿の子、吉祥文などのさまざまな日本の伝統文様が織り込まれ、そのユニークな意匠は国内のみならず海外でも話題となった。これもまた、関西リーグ時代から「手数をかけずにクラブを認知させよう」という、中川氏の戦略によるものであった。

「サッカーを変える、人を変える、奈良を変える」――。これが、中川氏がクラブ社長に就任した時に掲げたテーゼである。悠久の歴史と貴重な文化遺産、そして教育熱心な土地柄を活用しながら、クラブを「学びの場」として開放していく。その後、志半ばで社長を退任した中川氏だが、奈良の魅力を知るきっかけを与えてくれたことについては、今でも深く感謝する次第だ。

観光都市としての奈良は、通好みの穴場的なスポットが多い。良くも悪くも情報量が溢れている京都に対し、奈良は自分で魅力を見つける面白さがある。それは、ロートフィールド奈良[6]で開催される、奈良クラブのホームゲームについても同様。機会があればぜひ、奈良の観光とフットボールを楽しんでほしい。

奈良メシ

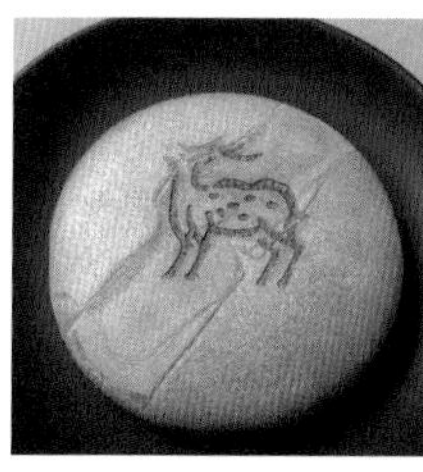

鹿つながりで「鹿もなか」を紹介したい。県内で最も古い和菓子店「本家菊屋」の定番商品で、国産のもち米で作られた皮、厳選された小豆を使用したこし餡が特徴。かつては豊臣秀吉にも献上された。

5

6

№ 29

限られた土地に2つのダービーが存在するフットボールシティ

大阪府

・総面積　約１９０５平方km
・総人口　約８８１万人
・都道府県庁所在地　大阪市
・隣接する都道府県　京都府、兵庫県、奈良県、和歌山県
・主なサッカークラブ　ガンバ大阪、セレッソ大阪、ＦＣ大阪、ＦＣ ＴＩＡＭＯ枚方、関大ＦＣ２００８、阪南大クラブ、セレッソ大阪堺レディース
・主な出身サッカー選手　川淵三郎、岡田武史、上野山信行、本並健治、小倉勉、柳本啓成、宮本恒靖、岡山一成、吉原宏太、橋本英郎、新井場徹、稲本潤一、大黒将志、西紀寛、二川孝広、梁勇基、下小鶴綾、林卓人、丹羽大輝、東口順昭、本田圭佑、安田理大、安田晃大、藤春廣輝、倉田秋、藤本憲明、柿谷曜一朗、丸橋祐介、扇原貴宏、大森晃太郎、亀川諒史、室屋成、初瀬亮、市丸瑞希、前田大然、鈴木冬一、谷晃生

かつては「パ・リーグ球団の本拠地」というイメージが強かった大阪府。しかし最近は、フットボールシティとしての相貌が定着しつつある。

大阪府には現在、全国リーグを戦うフットボールクラブが4つある。J1のガンバ大阪とセレッソ大阪。そしてJFLのFC大阪とFC TIAMO枚方。最近はJクラブの数も増えて、全国津々浦々でダービーが開催されているが、JリーグとJFLのダービーが見られるのは、今のところ大阪府のみである。

そんな大阪府は、香川県に次いで全国で2番目に総面積が小さい。にもかかわらず、現時点で2つのJクラブを持ち、2つのJを目指すクラブもある。また、それぞれのホームタウンに多様な地域性が見て取れるのも、実に興味深い。

まずは吹田市にある、日本万国博覧会記念公園[1]へ。1970年に開催された大阪万博の跡地には、さまざまな文化・スポーツ施設が建設された。1972年にオープンした、万博記念競技場もそのひとつ。とはいえガンバは、前身の松下電器サッカー部の時代から、当地で試合を行っていたわけではない。奈良県リーグから昇格した経緯もあって、隣接する枚方市を本拠としながら京都府京田辺市で練習を行い、試合会場も神戸中央競技場と長居陸上競技場を使用していた。

松下電器改めガンバ大阪が、吹田市をホームタウンとするのは、Jリーグ開幕後のこと。当初、大阪（そして関西圏で）唯一のJクラブだったが、その時代はセレッソの昇格によりわずか2年で終わる。やがて長居のスタジアムがワールドカップ仕様に改装され、定期的に代表戦が開催されるようになると、万博の優位性は相対的に低下。施設の老朽化という切実な問題もあり、ついに2015年、国際

1

2

試合が開催可能なフットボール専用の[2]市立吹田サッカースタジアム（現・パナソニックスタジアム吹田）が建設された。

万博公園からモノレールで千里中央駅まで移動し、そこから地下鉄で[3]大阪ミナミへ南下。北摂とはまったく異なる、ディープでコテコテな風景が広がる。大阪では2025年、2度目の万博開催が予定されているが、今度の会場となるのは大阪市此花区。周辺には大阪市をホームタウンとする、セレッソ大阪のトレーニング施設がある。これまで万博のイメージは吹田（＝ガンバ）と分ち難く結び付いていたが、2025年以降はその地理的感覚が変容しているかもしれない。

セレッソのホームスタジアムは2つ。そのうち収容人数が大きいほうが、トラック付きの[4]ヤンマースタジアム長居（4万7816人収容）である。オープンしたのは1964年で、同年に開催された東京五輪のサッカー競技「5位〜8位順位決定戦」の会場となった。その後は1997年の「なみはや国体」、2002年のワールドカップ（日本代表対チュニジア代表を含む3試合）、そして2007年の世界陸上といったビッグイベントも開催されている。

もうひとつのスタジアム（1万9904人収容）は、長居球技場として1987年にオープン。当初は人工芝の球技施設として、サッカーやアメリカンフットボールの試合が行われてきた。その後、セレッソのホームゲームを開催するべく、天然芝に張り替えて「キンチョウスタジアム」としてリニューアル。さらなるグレードアップを目指して改修作業が進められ、2021年7月には2万5000人収容の「ヨドコウ桜スタジアム」としてお披露目された。

3

4

時代に合わせるかのように、専用スタジアムに軸足を移す府内のＪクラブ。ここで注目したいのが、東大阪市をホームタウンとする、ＪＦＬのＦＣ大阪だ。東大阪には、ラグビー・ワールドカップの会場にもなった[5]花園ラグビー場がある。ＦＣ大阪を含む3社は２０２０年、ラグビー場がある花園中央公園の指定管理者に選ばれた。期間は２０４０年までの20年。ＦＣ大阪の疋田晴巳代表は「東大阪市をサッカーもラグビーもある、日本のイングランドにしたい」と語っていたが、夢の実現を目にすることなく、翌２０２１年に60歳で亡くなっている。

ガンバは吹田を中心とした7市（他に茨木、高槻、豊中、池田、摂津、箕面）、セレッソは大阪市と堺市、そしてＦＣ大阪は東大阪市。府内の陣取り合戦が続く中、２０２１年からＪＦＬを戦うＴＩＡＭＯは、松下電器が拠点としていた枚方市をホームタウンとし、クラブ名も大阪ではなく枚方を採用している。試合会場の[6]枚方市陸上競技場は、周囲に工場群が広がるトラック付きのクラシカルな施設。ここから、どんなクラブの独自性を作り上げていくのか、注目したい。

ガンバボーイ
（ガンバ大阪）

大阪メシ

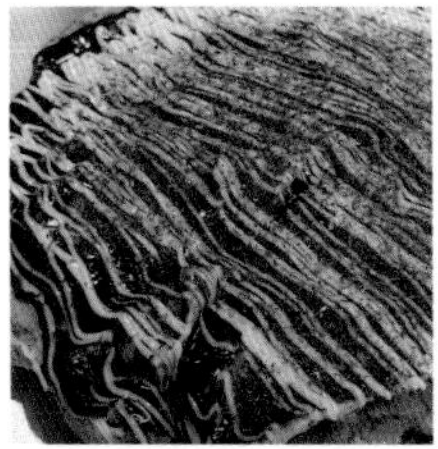

粉ものの代表格、お好み焼き。以前、セレッソサポが集まる「CHANT（チャント）」というお店に通っていたのだが、2017年で閉店してしまった。お好み焼きとサッカー談義を楽しめるお店は、意外と少ない。

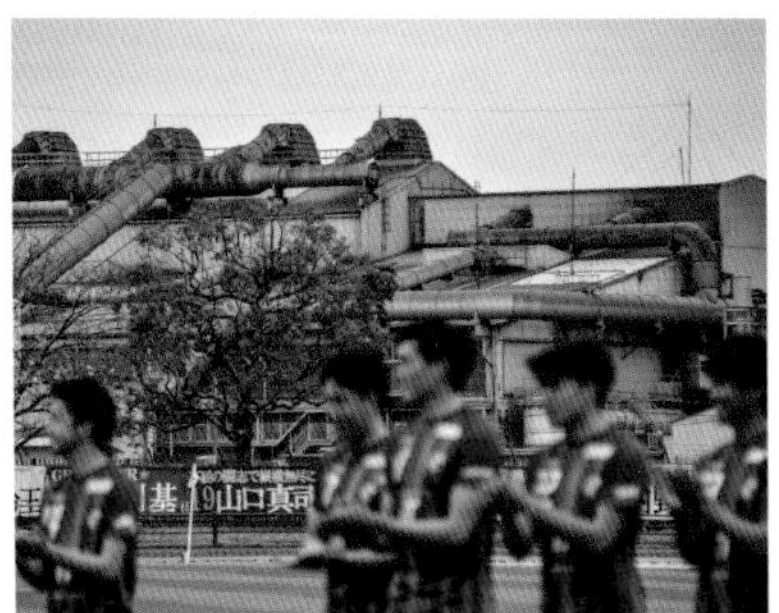

6

5

セレッソ大阪はJ2時代、2年連続でプレーオフ決勝に出場。2015年はヤンマースタジアムで昇格を逃し、翌16年はキンチョウスタジアムで悲願を達成した。収容人数よりもサポーターとの距離感が、勝利を引き寄せたのは興味深い。

№ 30

日本サッカー史に偉大な足跡を残した港町の先進性

兵庫県

・総面積　約８４００平方km
・総人口　約５４４万人
・都道府県庁所在地　神戸市
・隣接する都道府県　京都府、大阪府、鳥取県、岡山県
・主なサッカークラブ　ヴィッセル神戸、チェントクオーレ播磨、神戸ＦＣ１９７０、ＦＣ淡路島、ＩＮＡＣ神戸レオネッサ
・主な出身サッカー選手　永島昭浩、奥大介、波戸康広、吉田孝行、川上直子、明神智和、播戸竜二、加地亮、前田遼一、岡崎慎司、森島康仁、香川真司、米本拓司、昌子源、岩波拓也、堂安律

兵庫県といえば、県庁所在地の神戸市があまりにも有名。そして県内唯一のＪクラブであるヴィッセル神戸も、ここを本拠としている。

確かに神戸は、県内最大の都市ではあるが、県の一部でしかないのも事実。かつては、摂津、丹波、但馬、播磨、淡路の５つの国に分かれており、実は多様な文化を持っている兵庫県。以前、淡路島から明石海峡大橋[1]を渡って神戸まで移動した時、身をもってその広さを体感することができた。北は日本海、南は瀬戸内海、淡路島の向こうには太平洋に面し、本州を陸路で踏破する場合、必ず通過するのも兵庫県である。

これほど多様性のある県なのだから、姫路や明石あたりにＪクラブができても不思議はないと思うのだが、現時点ではそうした動きは見られない。播磨地域で活動するチェントクオーレ播磨は、バンディオンセ加古川時代から関西リーグに留まったまま。２０２１年から関西２部を戦うＦＣ淡路島は「１年でも昇格できなければ撤退する」と宣言しているため、今後どうなるかはわからない。

古くから港町として栄え、横浜と並んで「日本サッカー発祥の地」とされる神戸。取材では何度も訪れているが、観光する機会はなぜか皆無であった。そんなわけで、まずはベタな観光スポットから押さえていくことにしよう。

神戸港に臨むメリケンパーク[2]は、かつてのメリケン波止場と神戸ポートタワー周辺を埋め立てて、１９８７年に完成した。歴史のない土地の上に、港の歴史を伝えるモニュメントがいくつも建てられているのが面白い。そのうちのひとつ『希望の船出』は、ブラジル移民として出国する親子をイメージしたもの。港は

1

2

異文化を受け入れる一方で、祖国を出てゆく人たちを見送る場でもあったことを、この像は思い出させてくれる。

横浜、長崎と並ぶ、日本3大中華街のひとつ南京町[3]もまた、神戸で必ず訪れておきたい観光スポットのひとつ。南京町は、中央の広場を中心とした十字路になっていて、東西南北それぞれに中国風の門がある。現在、神戸に暮らす華僑は1万人以上とされ、実は横浜の華僑よりも多い。ただし神戸の中華街は、商業施設に特化していて居住者が少ないため、横浜の中華街に比べると小ぢんまりとした印象を受ける。

フットボールファン向けの観光スポットも紹介しよう。まず、阪急神戸線の御影駅の近くにある弓弦羽（ゆづるは）神社[4]。八咫烏をシンボルとしていること、そして日本人のみのサッカーチームが初めて結成された御影師範学校の地縁もあり、御影石で作られたサッカーボールが祀られてある。毎年、ＩＮＡＣ神戸レオネッサが必勝祈願をすることで知られているが、羽生結弦も参拝したことから、フィギュアスケートのファンの間では「聖地」となっている。

ＩＮＡＣ神戸のトレーニング施設、神戸レディースフットボールセンター[5]は、六甲アイランドにある。なでしこＪＡＰＡＮのワールドカップ優勝を受けて、翌２０１２年11月に完成。施設内には、女子サッカークラブとしては国内初の専用クラブハウスもある。なぜ東京でなく神戸に、国内初の女子サッカー専用施設が誕生したのか？　おそらくは明治期より、常にわが国のフットボールの先進性を追求してきた土地柄ゆえであろう。

3

4

旅の終着点は、ヴィッセル神戸のホームゲームが行われる、ノエビアスタジアム神戸[6]である。地元サポーターが試合前に歌う、シャンソンの名曲『愛の讃歌』のチャント。その歌詞は、1995年の阪神淡路大震災から始まった、このクラブの苦難の歴史を見事に表現している。

運命の1995年1月17日。それは、クラブ名がヴィッセル神戸となって、最初のトレーニングが予定されていた日でもあった。当初の筆頭株主だったダイエーは、阪神淡路大震災の影響により撤退。他のスポンサーも次々と去り、クラブは毎年のように赤字を計上し続けた。

楽天の三木谷浩史氏が、クラブの経営権を引き継いだのは、2004年2月のこと。以降、それまでには考えられないほどの資金が投下されるようになる。今ではすっかり「派手」とか「金満」といったイメージが定着したヴィッセル。とはいえ、フットボールの先進性を追求する地域のスピリットが、しっかりと受け継がれている点については、もっと評価されてもよい。

モーヴィ
（ヴィッセル神戸）

兵庫メシ

兵庫といえば神戸牛だが、当然ながら高価。そこでお勧めしたいのが、南京町の「神戸牛ラーメン」だ。スタグルスタイルで、肉増しでも700円。中華街の雰囲気と神戸牛のエッセンスが同時に楽しめる。

5

6

《俺たちのこの街に／お前が生まれたあの日／どんなことがあっても／忘れはしない》——。試合前にノエスタで唱和される、ヴィッセル神戸のチャント。その歌詞は震災から10年後の2005年、当時の古参サポーターによって綴られた。

コラム4

「ご当地グルメ」にラーメンは是か非か？

地方都市の取材での重要な楽しみのひとつが「ご当地グルメ」。本書でも、それぞれの都道府県で印象に残った食事やお店をピックアップしている。

フットボールの試合がそうであるように、その前後での食事もまた、旅の記憶と分ち難く結び付いている。その食事の記録が、きちんと保存されているのがスマートフォン。最近は、わざわざカメラバッグから一眼レフを取り出して、食事を撮影することはなくなった。

確かに、解像度では一眼レフのほうが優れている。が、少なくとも食事の撮影に関しては、スマートフォンのほうが何かと便利だ。

スマートフォンの何が素晴らしいかといえば、いつどこで撮影したか（食べたか）メモがなくても確認できることだ。店の名前を失念しても、位置情報から住所を割り出して検索すれば、すぐに判明する。つくづく便利な時代になったと思う。

かくして、それぞれの旅先での食事の画像を引っ張り出してみたのだが、圧倒的に多かったのが、ラーメン。そこでふと、ある疑問が浮上する。

果たして、ご当地グルメにラーメンを含てても、よいものだろか？

たとえば秋田県といえば、きりたんぽ鍋や稲庭うどんや比内地鶏といった、名物や名産品には事欠かない。ところが私が選んだのは「らーめん萬亀」。このチョイスに、気を悪くする秋

田の人もいるかもしれない。

なぜ取材先での食事に、ラーメンが多くなるのか？　もちろん、私自身がラーメン好きであることも、理由のひとつではある。それとは別に、取材現場での必然的な理由も考慮する必要があるだろう。

まず試合前、急いで食事を済ませる時に、ラーメンほど好都合なメニューはない。あるいは試合後、すぐにレポートを書かなければならない時も、さくっと空腹を満たせられるラーメンはありがたい。オーダーから完食までの時間が読めて、しかもリーズナブルに腹を満たすことができる。われわれサッカー取材者にとって、ラーメンほど心強い味方はないのである。

そうした現場の事情もあるにはあるが、やはり取材先の地方都市でいただくラーメンは楽し

みのひとつ。周知のとおり、わが国は地域によって、さまざまな味覚を楽しむことができる。それはラーメンという、いちジャンルにも言えることだ。

札幌、旭川、酒田、喜多方、八王子、横浜家系、佐野、燕三条、富山ブラック、亀山、和歌山、尾道、鳥取牛骨、徳島、久留米、長浜、熊本、などなど。もちろん都内でも食べられるが、やはり現地でいただくご当地ラーメンは格別である。

私がご当地ラーメンに惹かれるのは、フットボールの取材を通じて地域性を感じる体験と、極めて似ているからだ。それは海外においても同様である。

たとえば、サンパウロとサンクトペテルブルクで食したラーメンは、どちらも日本のラーメンと比べて遜色がなかったが(ゆえに値段も高かった)、目指すものがまるで違っていた。

すなわち、サンパウロのそれは「日系人社会が望む再現性の高さ」であるのに対し、サンクトペテルブルクのそれは「エスニックな味覚を楽しむ贅沢さ」。もちろん「いい/悪い」の話ではない。そもそもブラジルとロシアとでは、違って当然だ。

日本国内でも、ラーメンの位置づけが地域によって違っていて、非常に興味深い。富山ブラックは、終戦後の復興事業に従事する労働者のために「塩分補給ができるラーメン」として考案されたため、醤油の色がそのまま反映されている。福岡の長浜ラーメンは、博多漁港

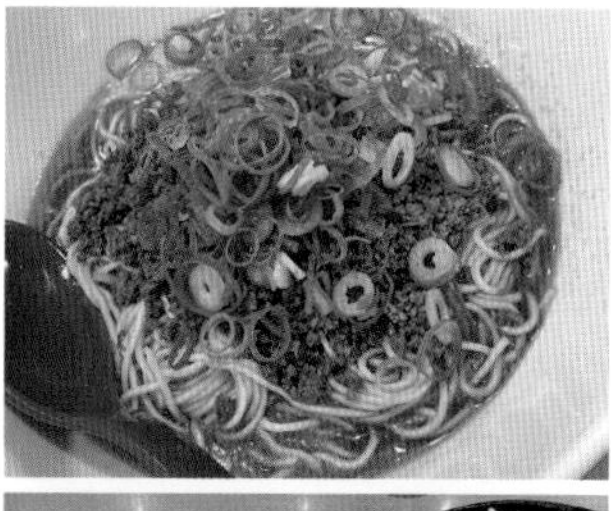

で働く人々にスピーディに供給するために麺が細く、足りなければお代わりできる替え玉がある。このように「労働者の食事」から始まったラーメンもあれば、逆に山形では「来客料理」としての趣があり、消費量が全国1位だったこともある。

ラーメンはラーメンで、非常に奥が深い世界である。世の中には「ラーメン評論家」という職業もあるらしい。しかし私は、ラーメンを含む食べ物について、必要以上に言語化の情熱を

傾けようとは思わないし、そんな才能もない。それでも「ラーメンと土地」にまつわる話であれば、それは私の取材領域に極めて近しいと言える。

フットボールがそうであるように、ラーメンもまた、地域性というものが色濃く反映されている。そうして考えるなら「ご当地グルメにラーメンを含めるかどうか問題」に対する答えは、自ずと導き出されよう（むしろ「47都道府県のラーメンとフットボール」というテーマで、書籍を上梓したいくらいだ）。

最後に、個人的に最も思い出深い一品を紹介しておきたい（ただしラーメンではなく「湯麺」だが）。

岐阜県を取材した時に、ぜひとも訪れたかったのが「湯麺戸塚」というお店である。店主は、元日本代表にしてFC岐阜初のプロ監督だった戸塚哲也さん。S級ライセンスよりも先に、調理師免許を取得した戸塚さんの湯麺をいただいた時、ラーメン好きのサッカーファンで良かったと、あらためて思ったものだ。

なお湯麺戸塚は、以前は瑞穂市に本店があったが、現在は各務原市で営業している。

小腹を満たし
スタジアムへ！

№ 31

「交通の要衝」に生まれた伸びしろのあるJクラブ

岡山県

・総面積　約7114平方km
・総人口　約188万人
・都道府県庁所在地　岡山市
・隣接する都道府県　兵庫県、鳥取県、広島県、香川県
・主なサッカークラブ　ファジアーノ岡山FC、三菱自動車水島FC、ENEOS水島、NTN岡山、岡山湯郷Belle
・主な出身サッカー選手　土田尚史、安英学、李漢宰、苔口卓也、青山敏弘

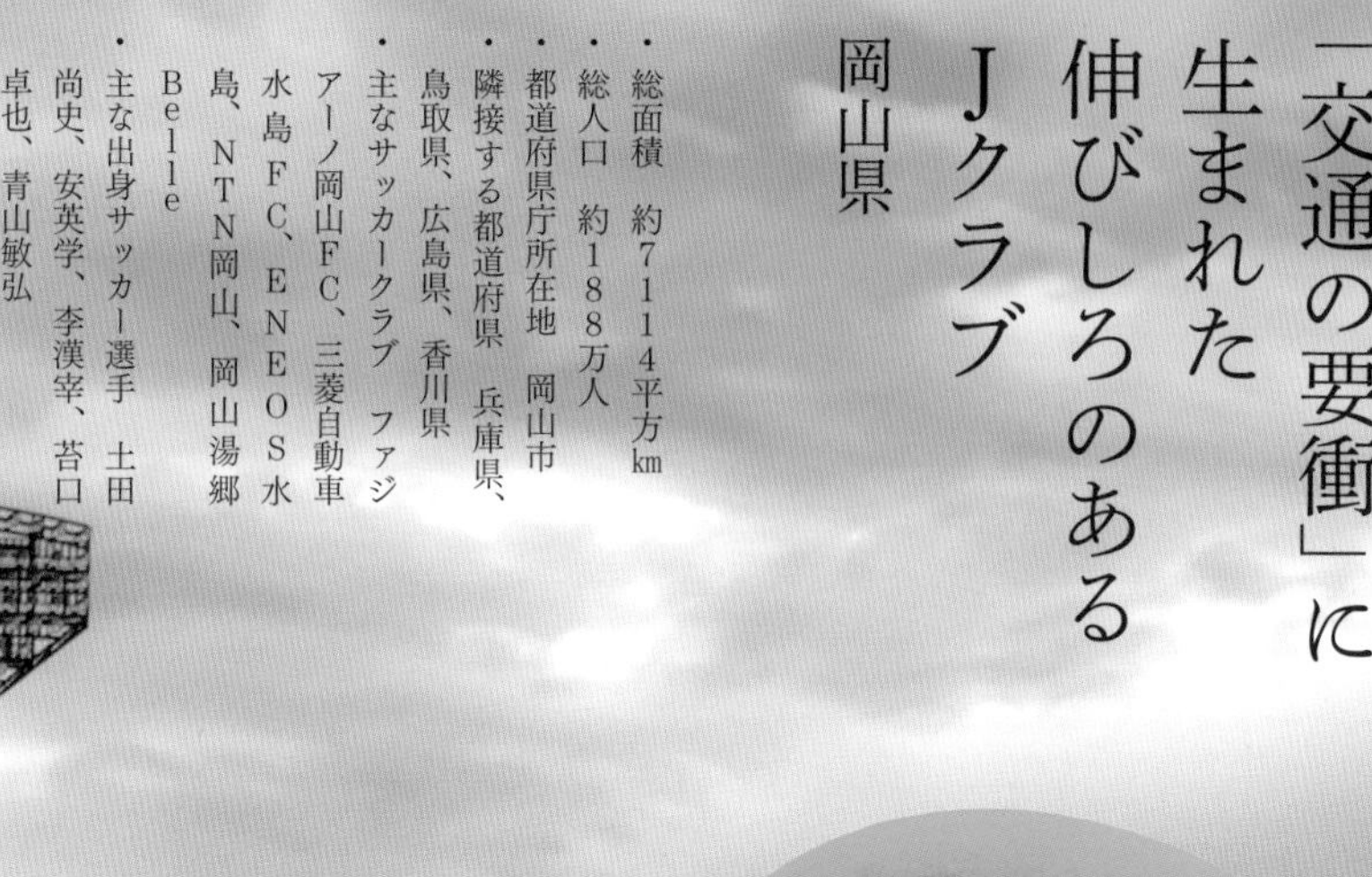

岡山県といえば、まず思い浮かべるのは「晴れの国」、そして「交通の要衝」である。私にとっての岡山のイメージは「通り過ぎる」県。どういう意味か？たとえば岡山駅をイメージしていただきたい。東京駅から新幹線に乗車すれば、岡山の向こう側は広島。岡山駅で乗り換えて、伯備線なら山陰に、瀬戸大橋線なら四国に行くことができる。

「交通の要衝」ゆえに、これまで岡山を通り過ぎることは、過去を振り返ればたびたびあった。日本には、こうした「交通の要衝」がいくつかある。関東で言えば大宮、九州で言えば鳥栖。興味深いのは、どちらの街にもJクラブがあることだ。そして岡山には、ファジアーノ岡山FC[1]がある。

岡山にJクラブが生まれるまでには、いくつかの偶然と必然があったことを理解する必要がある。ファジアーノが創設されたのは2003年。その前身は、川崎製鉄水島サッカー部のOBチーム、リバー・フリー・キッカーズ（RFK）であった。余談ながら川鉄サッカー部は、倉敷市と岡山市を活動拠点としていたが、1995年から本拠地を神戸市に移し、ヴィッセル神戸となっている。

ファジアーノが生まれる直接的なきっかけとなったのが、2005年に開催された「晴れの国おかやま国体」。成年男子を継続的に強化しながら、大会後にJリーグを目指そうというプランが浮上する。しかし、県協会が最初に声をかけたのはRFKではなく、倉敷市を本拠とする三菱自動車水島FCであった。

三菱水島の創部は、戦後間もない1946年。以降、県リーグや中国リーグを中心に、企業チームとしては稀有ともいえる息の長い活動を続けていた。県協

2

1

会から「Ｊクラブを目指さないか？」と打診された時も、彼らはあっさり断って企業チームとして生きる道を選んでいる。２００５年からはＪＦＬで5シーズン活動し、08年には1シーズンだけファジアーノとのダービー[2]が実現した。

三菱水島はその後、リーマンショックのあおりを受けて２００９年にＪＦＬを退会し、県1部への降格処分を受けることとなる。その2年後には、長く活動していた中国リーグに復帰。以後は優勝することも降格することもなく、身の丈にあったリーグでの戦いを楽しんでいる。

一方のファジアーノは、２００９年にＪ２に昇格。設立からわずか6年でＪクラブとなった。これほど順調にステップアップできたのは、国体開催のために作られていた、岡山県総合グラウンド陸上競技場（現・シティライトスタジアム）[3]の存在が不可欠。とはいえ中国リーグ時代、この施設でホームゲームを開催するのは、今では考えられないくらい難易度が高かった。人見絹代や有森裕子といったメダリストを輩出してきた岡山県は、サッカー界よりも陸上界の発言力のほうが強かったためとも聞く。

ファジアーノは、決して県民に望まれて生まれたクラブではない。たまたま国体に向けてＲＦＫを改組・強化し、たまたま国体開催のためのスタジアムがあり、たまたま2年連続で昇格することでＪクラブとなった。こうした急激な状況の変化に対し、ファンの意識がキャッチアップするのに、それなりの時間を要することとなったのも当然の話である。ホームゲームの平均入場者数[4]が1万人に達したのは、ファジアーノがＪクラブとなって8シーズン目、２０１６年のことであっ

4

3

た。

スタジアムには恵まれていたが、専用のトレーニング施設がなかったことは、長年のファジアーノの課題となっていた。２０１３年に完成した[5]政田サッカーグラウンドは、まさにクラブの歴史のメルクマールと言ってよい。その後、施設の指定管理者となり、オフィスも当地に移転。岡山商工会議所を間借りしていた時代を知る者としては、何とも深い感慨を覚えたものである。まだまだ伸びしろのあるＪクラブ、それがファジアーノ岡山ＦＣなのである。

岡山県といえば、忘れてならないのが女子サッカー。最後に、[6]岡山湯郷Ｂｅｌｌｅを紹介したい。県内で最も人口が少ない美作市で活動し、女子日本代表の宮間あや、福元美穂などを輩出したことでも知られる。一時期、なでしこリーグの強豪の一角として存在感を放ったこともあったが、その後は不可解な凋落ぶりを見せて往時のメンバーは四散。一時、チャレンジリーグＷＥＳＴ（３部）まで降格したが、２０２１年からは、なでしこリーグ２部で活動している。

ファジ丸
（ファジアーノ岡山FC）

岡山メシ

岡山の代表的なB級グルメといえば、エビめし。黒いチャーハンに、目玉焼きとエビが載っている。実は岡山オリジナルではなく、東京・渋谷でカレー屋を営む岡山出身者が発案して広まったそうだ。

6

5

№ 32

2つの拠点を行ったり来たり人口最少県のJクラブ

鳥取県

- 総面積　約3507平方km
- 総人口　約55万人
- 都道府県庁所在地　鳥取市
- 隣接する都道府県　兵庫県、島根県、岡山県、広島県
- 主なサッカークラブ　ガイナーレ鳥取、SC鳥取ドリームス、米子元気SC
- 主な出身サッカー選手　塚野真樹、大部由美、丸谷拓也

人口最少県として知られる鳥取県には、代表的な３つの市がある。すなわち、県庁所在地の鳥取市、商業都市として知られる米子市、重要港湾がある境港市。米子鬼太郎空港を降り立った旅人はまず、ＪＲ境線の鬼太郎列車に乗ることになる。ラッピングは鬼太郎以外に、目玉おやじ、ねずみ男、ねこ娘、こなきじじい、砂かけばばあの6種類。漫画家の水木しげるが境港の出身なので、移動中はそこかしこで彼が生み出した妖怪たちと出会うこととなる。

鳥取県といえば、現在Ｊ３に所属するガイナーレ鳥取のホームタウンとしても知られる。スタジアムに向かう前に、まずは観光。

鳥取に来たらぜひ訪れておきたいのが、鳥取砂丘[1]である。伯耆大山（ほうきだいせん）と並ぶ県のアイコンであり、山陰海岸国立公園の特別保護地区にも指定されている。砂丘から眺める日本海の美しさは、筆舌に尽くし難い。

余談ながら鳥取県は、47都道府県で最もスターバックスの出店が遅かったことで知られているが（初出店は２０１５年）、それを逆手に取った「すなば珈琲」は絶妙なネーミングも相まって、県内の隠れた観光スポットとなっている。

人口19万人の鳥取市には、1万６０００人収容の球技専用施設、Ａｘｉｓバードスタジアム[2]がある。豊かな田園風景の向こう側に見えるスタジアムは、奇跡のようにさえ感じられる。インターハイのサッカー会場として１９９５年にオープン。２００２年のワールドカップ日韓大会では、エクアドル代表のキャンプ地にも選ばれた。サンフレッチェ広島の新スタジアムが完成するまで、ここは中国地方で唯一、Ｊリーグ開催可能な球技専用スタジアムであり続ける。

2

1

２０１０年に悲願のＪＦＬ優勝[3]を果たし、晴れてＪクラブとなったガイナーレ鳥取。しかしＪ２リーグで活動したのは、わずかに３シーズンで終わった。２０１４年から始まったＪ３では、唯一の降格組として参加することに。これを契機にガイナーレは、クラブ発祥の地である米子市への帰還を決断する。

ガイナーレの前身は１９８３年に創設された、鳥取教員団サッカー部。当初の本拠地は鳥取市ではなく、西に82キロ離れた米子市であった。鳥取市を中心とする東部は旧因幡国。これに対して米子市は旧伯耆国であり、昔から島根県の旧出雲国との結び付きが強い。発祥の地である米子市とスタジアムがある鳥取市、２つの拠点を行ったり来たりしてきたのが、ガイナーレの歴史であった。

時代が昭和から平成に変わる１９８９年、クラブ名をＳＣ鳥取とし、２００１年にはＪＦＬに昇格する。２００６年の暮れに運営組織を株式会社化し、07年２月には現在のガイナーレ鳥取に改称。Ｊリーグ準加盟クラブにも承認された。ここで問題となったのが、米子市にはＪリーグ開催可能なスタジアムがなかったこと。そこでクラブは、クラブ事務所を鳥取市に移転させ、以降は２拠点体制が続くこととなる。

ガイナーレはＪＦＬ時代も、基本的にバードスタジアムを活用してきたが、時おり米子市でもホームゲームを開催している。試合会場は、米子市営東山陸上競技場[4]。質素なメインスタンドと芝生席という典型的な市営競技場だが、山陰本線の東山公園駅から徒歩５分というアクセスの良さは、間違いなく日本トップクラスであろう。ピッチの向こう側に、山陰線を走る列車が見えるのもいい。難点は、

3

4

列車の本数が極端に限られていること、そしてトイレの数が絶望的に少ないことである。

ガイナーレが米子市[5]に回帰したのは、２０１２年にわずか4億円の建設費でゴルフ場跡地にオープンさせた、チュウブＹＡＪＩＮスタジアム[6]の存在が大きい。７９３０人収容と小規模ながら、Ｊ３の開催には問題ないため、年に数試合が行われている。ネーミングの由来となったのは、元日本代表で現クラブＧＭである岡野雅行氏のニックネーム「野人」から。

このＹＡＪＩＮスタジアムが、思わぬ副産物を生み出すこととなった。経費節減のため、施設管理をクラブスタッフが行ってきたことで、やがて芝生の管理や生産のノウハウが蓄積されていったのである。もともと鳥取県は、全国有数の芝生の生産地。こうした立地とノウハウをかけ合わせることで、新たに「しばふる（Shibaful）」という芝生ビジネスが誕生した。人口最少県のＪクラブによる、新たな収益構造と地域貢献の形として、しばふるは全国からも注目を集めている。

ガイナマン
（ガイナーレ鳥取）

鳥取メシ

松葉ガニや大山黒牛など、海の幸や山の幸に事欠かない鳥取だが、あえて鳥取牛骨ラーメンを紹介。豚骨や鶏ガラは使わず、牛骨から出汁を取ったスープが特徴。牛脂の甘みと香ばしさが味わえる。

5

6

№33

似島という「過去」と新スタジアムという「未来」

広島県

総面積　約８４７９平方km
総人口　約２７９万人
都道府県庁所在地　広島市
隣接する都道府県　鳥取県、島根県、岡山県、山口県、愛媛県
・主なサッカークラブ　サンフレッチェ広島、ＳＲＣ広島、福山シティＦＣ、アンジュヴィオレ広島
・主な出身サッカー選手　長沼健、野津謙、下村幸男、今西和男、森孝慈、金田喜稔、石崎信弘、木村和司、田坂和昭、森島寛晃、森崎和幸、森崎浩司、柴村直弥、槙野智章、森重真人

静岡県、埼玉県と並ぶ「サッカー王国」広島県。ところが私にとって広島は、なぜか縁遠い土地であった。その要因となっているのが、現在は「エディオンスタジアム広島（Eスタ）」と呼ばれる、広島ビッグアーチの存在である。

１９９２年のアジアカップや2年後のアジア大会のメイン会場となり、サンフレッチェ広島の黄金時代を見つめてきたビッグアーチ。しかし２００２年のワールドカップでは「屋根をかける予算が確保できない」ことから、開催都市から外れてしまった。かくして２００４年7月のキリンカップ以降、広島県で代表戦は行われなくなり、結果として広島を訪れる機会も激減した。

13年ぶりに広島市を訪れて、最初に向かったのが広島湾に浮かぶ似島（にのしま）[1]である。広島港からフェリーで20分。この人口８００人弱の小さな島こそ、広島のサッカーを語る上で不可欠な土地である。実は第1次世界大戦当時、この島にはドイツ兵の捕虜収容所があった。

収容所では、ドイツ人捕虜によるサッカーチームが結成され、１９１９年（大正8年）には市内で広島高等師範学校の学生チームと対戦。結果は広島高師の惨敗であったが、この時のドイツ兵の技術に魅了された学生たちが、小舟でたびたび似島を訪れてはヨーロッパ仕込みのテクニックや戦術を学んだ。

実のところ広島は、全国に先駆けて欧州のフットボールを受け入れた県であり、そうした土壌から多くの指導者や選手が輩出されることとなった。しかし、いくらサッカー御三家といっても、やはり広島カープの存在感には太刀打ちできない。広島市民球場跡にある「衣笠祥雄世界新記録記念碑」[2]を見て、あらためてそう感

2

1

じた。この地に佐藤寿人の記念碑が建つのは、果たしていつの日であろうか。

広島に来たら「過去」の歴史だけでなく、「未来」も体感しておきたい。市民球場跡から近い広島市中央公園では、２０２４年完成を目指して、悲願の新ス[3]タジアムが建設中。完成すれば、原爆ドームや平和記念公園、さらには広島城も見渡せる絶好のロケーションとなる。２０２４年なんて、あっという間にやって来る。その時にはぜひ、取材で再訪したいものだ。

似島という「過去」。新スタジアムという「未来」。その両者を結ぶのが、広島[4]ビッグアーチである。ＪＲ横川駅からシャトルバスに乗り、初めてサンフレッチェのホームスタジアムを訪れてみた。思えば、森保一監督率いるサンフレッチェの試合は、何度も映像で見ていた。ようやく、その舞台にたどり着くことができたことに、深い感慨を覚える。

設備が古い、ピッチが遠い、屋根がない、アクセスが悪い、などなど。ビッグアーチは、何かと評判が芳しくない。スタジアムを中心とした都市計画が、中途半端な形で終わってしまったこともあり、特にアクセスの面で誰もが不利益を被ることとなった。その後、Ｊリーグのライセンスを満たすための改修は行われたものの、その規模は限定的であった。

とはいえ、もしもビッグアーチに屋根がかけられ、ここでワールドカップが開催されていたなら――。おそらく、広島でのスタジアムをめぐる議論は、もっと違った展開を見せていたはずだ。あらゆるネガティブな要素を受け入れながら、さまざまな栄光の歴史を刻んできたビッグアーチ。それは、厳島神社や原爆ドー

3

4

ムに勝るとも劣らない、広島サッカー界の歴史遺産であると私は思う。

　広島県でもうひとつ忘れてならないのが、広島市から100キロほど離れた県内2番目の人口規模を誇る福山市。5 この地に誕生した「広島県から第2のJクラブを目指す」のが、福山シティFCである。県リーグ1部所属ながら、2020年の天皇杯では（5回戦までアマチュアのみのレギュレーションだったとはいえ）準々決勝に進出。全国的に注目される存在となった。

　福山の観光資源といえば、まず福山駅近くにある福山城、そして映画『崖の上のポニョ』の舞台のモデルとなった鞆の浦である。ここの一番の観光スポットは、福禅寺の客殿として建設された対潮楼。6 仙酔島や弁天島など、さながら絵画のような鞆の浦の景色を一望できる。2020年11月には、福山シティFCがこの場を借りて、オフィシャルトップパートナーの発表会見を行った。

　こうした抜け目ない発信力に「広島県から第2のJクラブを目指す」という心意気が、決して伊達ではないことを期待させる。

サンチェ
（サンフレッチェ広島）

広島メシ

広島といえば、お好み焼き。キャベツと生地を混ぜ合わせる関西風とは異なり、クレープ状に生地を伸ばして、キャベツや肉やそばや卵などを重ねながら焼いていく。そのプロセスを眺めるのも楽しい。

5

6

2020年に広島市を訪れた時、原爆ドームは保存工事中だった。「広島県物産陳列館」として建設されたのは、今から100年以上昔の1915年(大正4年)。戦争の悲惨さと核廃絶のメッセージが、100年後にも受け継がれることを願いたい。

№ 34
「水の都」からJを目指すクラブと美しすぎる夕日
島根県

- 総面積　約６７０８平方km
- 総人口　約67万人
- 都道府県庁所在地　松江市
- 隣接する都道府県　鳥取県、広島県、山口県
- 主なサッカークラブ　松江シティFC、ベルガロッソ浜田
- 主な出身サッカー選手　小村徳男、岡元勇人、柳楽智和、金山隼樹

気が付けば島根県は、中国地方で最後の「Ｊクラブ空白県」となっていた。

Ｊリーグ黎明期、中国地方にはサンフレッチェ広島のみが存在していた。その後、ファジアーノ岡山ＦＣ、ガイナーレ鳥取、レノファ山口ＦＣがＪリーグ入り。島根県からは浜田市を本拠とするデッツォーラ島根が、将来のＪリーグ入りを目指していたものの、２０２０年に中国リーグからの脱退とトップチーム解散を発表している。

島根でＪクラブを成立させるのは、やはり難しいのであろうか。広島県や山口県のようにＪリーグ以前の歴史があるわけでもなく、ファジアーノやガイナーレのような名物社長がいるわけでもない。加えて人口規模も、鳥取に次いで下から２番目。そんな島根にも、実は全国リーグを戦うクラブが存在する。

スタジアムに向かう前に、急ぎ足で松江市を観光することにしよう。宍道湖と中海という２つの湖に面し、さらに松江城下の堀川や大橋川[1]など、松江市は水辺が多いことから「水の都」とも呼ばれている。一番の観光スポットは、何といっても松江城。山陰地方で唯一の現存天守であり、２０１５年には国宝にも指定されている。

松江城を眺めながら「水の都」を体感したいのなら、遊覧船による堀川めぐり[2]がお勧め。船の発着場は、松江城周辺に3カ所あり、途中下船もできるので1日乗車券が便利だ。注意点としては、橋をくぐる際に船の屋根が圧縮されるので、そのたびに身をかがめる必要があること。それでも水面から見える、松江城や武家屋敷の風情は最高だ。堀川は汽水域であるため、水面に視線を移すとボラやハ

1

2

ゼやアカエイなどを見ることもできる。

　武家屋敷が並ぶ塩見縄手には、小泉八雲（ラフカディオ・ハーン）[3]の胸像がある。八雲はもともと英国籍であったが、生まれはギリシアのレフカダ島。来日100年を記念して、1990年に生誕地にあった胸像のコピーが建立された。日本国籍を取得したのは1896年。小泉は妻・節子の姓、八雲は松江の旧国名である出雲国の枕詞「八雲立つ」に因むとされる。尋常中学校や師範学校の英語教師として赴任した松江での暮らしを、八雲は終生にわたって愛おしんだ。

　2万4000人収容の松江市営陸上競技場[4]は、1982年の「くにびき国体」のメイン会場として前年にオープンした。注目すべきは、ガイナーレを名乗る以前のSC鳥取が、ここでホームゲームを開催していたこと。米子市と松江市は、古くから県境をまたいでの交流があり、島根県民にとってもガイナーレは身近な存在であった。それゆえ「わが街にもJクラブを！」という機運が、いまひとつ盛り上がりに欠けたのかもしれない。

　ここを本拠としているのが、JFL所属の松江シティFC[5]。その源流をたどると、1968年に創設された松江RMクラブに行き着く。2008年からヴォラドール松江となり、中国リーグに昇格して2年目の2011年からは、将来のJリーグ入りを目指して現在の名称となる。

　中国リーグでは3回優勝しており、3回目の2018年には全社（全国社会人サッカー選手権大会）と地域CLも制して3冠を達成。堂々たる成績でJFL昇格を果たしている。この年の松江シティは、サッカーの内容でも際立っていたが、その

3

4

ことで地元が盛り上がったという話は聞かない。

さすがに全国リーグのレベルは甘くはなく、ＪＦＬでの最初の２シーズンはいずれも2桁順位に甘んじることとなった松江シティ。一方で、Ｊリーグ百年構想クラブに向けた具体的な動きは見られず、足踏み状態が続いている。

地域の機運が高まらないのなら、このカテゴリーで機が熟すのを待つという判断もありだと思う。あのガイナーレも、ＳＣ鳥取時代を含めて10シーズンのＪＦＬ時代があったからこそ、今がある。「山陰ダービー」の実現は、まだまだ先でもよいのではないか。

最後に、当地で見た最も感動的な風景を紹介しておこう。それは、宍道湖の夕日[6]である。「日本の夕日百選」に選ばれており、とりわけ日没30分前の神秘的な美しさは必見。もし松江シティの試合に訪れる機会があれば、さっさと帰路に就くのではなく、自然が織りなす天空のショーもぜひ楽しんでほしい。島根での旅の思い出が、より豊かなものとなるはずだ。

島根メシ

島根といえば、出雲そば。岩手のわんこそば、長野の戸隠そばと並ぶ、日本3大そばのひとつである。殻のついたそばの実を、そのまま挽き込む製粉方法を採用しているので、全体に黒みを帯びている。

5

6

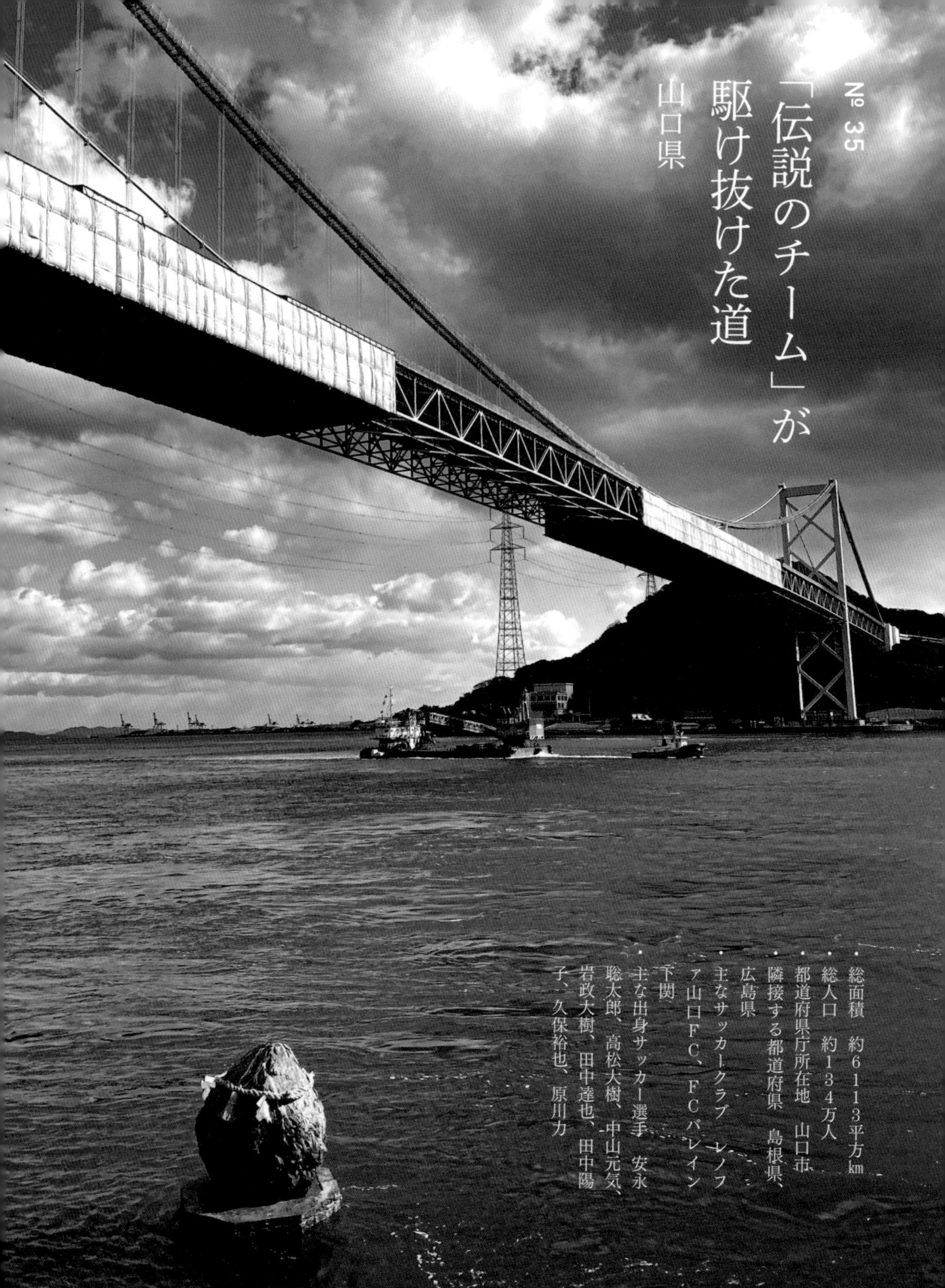

№ 35

「伝説のチーム」が駆け抜けた道

山口県

・総面積　約６１１３平方㎞
・総人口　約１３４万人
・都道府県庁所在地　山口市
・隣接する都道府県　島根県、広島県
・主なサッカークラブ　レノファ山口ＦＣ、ＦＣバレイン下関
・主な出身サッカー選手　安永聡太郎、高松大樹、中山元気、岩政大樹、田中達也、田中陽子、久保裕也、原川力

山口県といえば、レノファ山口ＦＣ。おそらく多くのサッカーファンは、レノファを「全国リーグで戦う山口県初のクラブ」と思っているだろう。

実はレノファ以前に、県リーグからＪＳＬ（日本サッカーリーグ）１部まで駆け上がった伝説的なチームが、山口県には存在した。それが永大産業サッカー部。あのセルジオ越後氏も、コーチとして関わっている。

１９６９年、創業者の肝いりで「永大木材工業サッカー部」として創部（当初は子会社のサッカー同好会だった）。正式なサッカー部となった１９７２年には、全社（全国社会人サッカー選手権大会）に優勝し、それからわずか2年後の１９７４年にはＪＳＬ１部にまで上り詰めている。

県1部の永大産業が、またたく間にトップリーグまで駆け上がることができたのは、ＪＦＬはもちろん中国リーグすらなかった時代ゆえの快挙であった。しかし１９７７年、親会社の経営不振などによりチームは解散。同好会時代を含めても、わずか9年の活動期間であった。そんな永大産業が、飛び級での県1部昇格を懸けて対戦したのが、山口教員団。レノファの前身である。

山口教員団の「その後」については、のちほど触れることとして、まずは県内の観光スポットを紹介したい。県庁所在地の山口市以外にも、岩国や萩や下関など、県内にはいくつもの魅力的な市がある。その中でも最も人口が多く、県内唯一の中核市である下関市は観光名所に事欠かない。名物のフグをはじめ、新鮮な地元の魚介が並ぶ唐戸市場[1]で食事をしてから、本州と九州を結ぶ関門橋を目指して歩みを進める。

2

1

関門橋の九州側は北九州市門司区、そして本州側は下関市壇之浦。壇ノ浦といえば、まず思い浮かぶのが源平合戦のクライマックス「壇ノ浦の戦い」であろう。当地には、数え8歳（満6歳4カ月）で崩御した、安徳天皇を祀る赤間神宮[2]がある（境内には平家一門の墓や芳一堂なども）。さらに散策すると、坂本龍馬の邸宅跡や日清戦争の講和条約が結ばれた割烹旅館「春帆楼」など、至るところで歴史を感じさせる遺構に出くわす。

日本に初めてキリスト教を伝えた、あのフランシスコ・ザビエル[3]も１５５０年（天文19年）に下関に上陸。往時の面影を伝える像は、山口市にある山口サビエル記念聖堂で拝むことができる。施設の名前が「ザビエル」ではなく「サビエル」になっていることに注意。山口の人々はザビエルのことを、親しみを込めて「サビエルさん」と呼ぶそうだ。初代の聖堂は、スペインはナバーラ州パンプローナ市のザビエルの生家を模して、１９５２年に建設。一度は火災で焼失したものの、１９９８年に再建された。

維新みらいふスタジアム（みらスタ）[4]へのアクセスは、ＪＲ山口線の大歳駅もしくは矢原駅から徒歩10分。もともと「維新百年記念公園陸上競技場」といい、１９６３年の国体のメイン会場として作られた。

その後、２０１１年に2度目の国体「おいでませ！山口大会」が開催されることとなり、全面的にリニューアル。この2度目の国体開催に向けて、成年サッカーの強化チームに指定されたのが、中国リーグに所属していた山口教員団である。２００６年2月には、山口県初のＪクラブを目指すべく、レノファ山口

3

4

ＦＣに改称。２年後の２００８年には、地域決勝（現・地域ＣＬ）決勝ラウンドに進出するも、４位に終わってＪＦＬ昇格は果たせなかった。

それから５年後の２０１３年、ついにレノファは全社で優勝。同年の地域決勝は１次ラウンド敗退に終わったものの、Ｊ３創設によるＪＦＬのチーム数削減を受けて、翌２０１４年にＪＦＬ入会が認められる。山口県のチームが全国リーグにたどり着いたのは、永大産業以来、実に41年ぶりのことであった。その後は１年ごとにカテゴリーを上げ、２０１６年にはＪ２に昇格。[5]山口での「Ｊリーグのある風景」は、今ではすっかり日常的なものとなった。

最近はスタジアム以外でも、フットボールを感じさせるスポットは確実に増えつつある。防府市にある「ベル・ジョーコ（Bel gioco）」[6]は、サッカーファンなら確実に楽しめるイタリアンのお店。レノファやセリエＡ関連のポスターやグッズに混じって、山口出身のイラストレーター、りおた氏の作品も多数展示されている。レノファの試合観戦の前後に、ぜひ立ち寄ってみてほしい。

レノ丸
（レノファ山口FC）

山口メシ

防府駅から徒歩18分。「ベル・ジョーコ」では、イタリア製の薪釜で焼く本格ピッツァが楽しめる。これほど本格的なマルゲリータを山口でいただけるとは思わなかった。店主のカルチョ談義も絶品だ。

6

5

№ 36 阿波おどりと渦潮とポカリスエットの間に

徳島県

・総面積　約4147平方km
・総人口　約72万人
・都道府県庁所在地　徳島市
・隣接する都道府県　香川県、愛媛県、高知県
・主なサッカークラブ　徳島ヴォルティス、FC徳島
・主な出身サッカー選手　城福浩、黒部光昭、塩谷司、實藤友紀、丸岡満

徳島県といえば、阿波おどりと鳴門の渦潮、そして四国初のＪクラブである徳島ヴォルティスで知られている。ヴォルティスがＪ２に昇格したのは２００５年だが、Ｊクラブを希求する動きは１９９０年代から存在していた。

前身の大塚製薬サッカー部が創部したのは１９５５年のこと。１９９０年にＪＳＬ（日本サッカーリーグ）２部に昇格し、92年に発足した旧ＪＦＬ（ジャパンフットボールリーグ）のオリジナルメンバーにも名を連ねる。そして１９９３年、Ｊリーグが華々しく開幕すると、県内に「四国初のＪクラブを！」という機運が高まってゆく。

結局、膨大な出費が予想されたため、この時はＪリーグ準加盟申請を断念。企業チームとしての存続を選んだ大塚製薬であったが、１９９５年から98年までの4シーズンは「大塚ＦＣヴォルティス徳島」として活動した。イタリア語で渦を意味する「VORTICE」が由来だが、そのスペルは「VORTIS」。最後の「ＴＩＳ」は、土佐（高知）、伊予（愛媛）、讃岐（香川）の頭文字を合わせたもので「四国を代表するクラブに」というメッセージが込められていた。

初めて徳島に降り立った時、徳島阿波おどり空港やＪＲ徳島駅で目を引いたのが、色彩鮮やかなアニメのイラストである。徳島では２００９年から「マチ★アソビ」[1]というアニメとゲームのフェスが開催されるようになり、全国のファンが集うアニメの祭典として定着。観光の目玉は、もはや阿波踊りだけではない。

徳島市内の観光スポットを効率的に回るなら、まずは駅から徒歩10分ほどの場所にある、阿波おどり会館がお勧め。ここで阿波おどりの歴史を学んでから、今

1

2

度は徳島を象徴する山を目指そう。標高290メートル、市内どこから見ても眉の形に見えることから「眉山(びざん)」と命名された。阿波おどり会館の5階にロープウェイの発着所があり、[2]徳島市内の街並みを眺めながら6分ほどで頂上にアクセスできる。

眉山にて、奇妙なフォルムの仏塔を発見。ミャンマーで最も有名な観光名所、シュエダゴン・パゴダを模したこの建造物は[3]「パゴダ平和記念塔」という。第2次世界大戦中、インパール作戦の支作戦である第2次アキャブ作戦に、香川県丸亀市にあった歩兵第112連隊が従軍。徳島県出身者も多く戦死したことから、帰還兵や遺族による県ビルマ会によって1958年に建立された。当時はロープウェイもなかったので、セメントなどの建材は人力で頂上まで運んだそうだ。

徳島に来たのなら、やはり鳴門の渦潮は見ておきたい。有名なのは、鳴門市にある観光施設「渦の道」だが、徳島駅から鳴門公園まではバスで1時間20分。そこから、さらに徒歩5分という道のりである。海に向かうバスの車窓をぼんやり眺めていると、チオビタドリンクやポカリスエットの[4]巨大な看板の出現に度肝を抜かれる。鳴門市は、大塚製薬の創業の地でもあった。

「渦の道」は、鳴門海峡に架かる大鳴門橋の橋桁下部に設置された、450メートルほどの遊歩道と展望台からなる。太平洋と瀬戸内海を見渡せる、絶好のロケーション。私が訪れた時は、すでに渦潮の時間帯は過ぎていたため、[5]瀬戸の夕暮れを拝むだけで終わった。大潮の時には、直径30メートルもの渦が発生し、その大きさは「世界最大級」とのこと。ヴォルティスのホームゲームとセットで楽しむ

3

4

なら、バスの時刻と渦潮のベストタイムを事前に確認の上、余裕を持って訪れることをお勧めする。

徳島ヴォルティスのホームゲームが行われるのが、鳴門・大塚スポーツパークポカリスエットスタジアム[6]。ピッチ上で楽しそうに踊っているのは、ヴォルティスのマスコットであるヴォルタくんとティスちゃんである。

クラブはＪ２に昇格した２００５年から、地元の阿波おどりに「徳島ヴォルティス連」として毎年欠かさず参加。「地域密着には、地元の祭りに参加するのが一番」ということで、選手もスタッフも揃いのハッピで踊りまくる。

そういえば、かつてヴォルティスで指揮を執ったリカルド・ロドリゲス監督も、率先して切れのある踊りを披露していたそうだ。最後のシーズンとなった２０２０年、コロナ禍によって阿波おどりが戦後初の中止となったことについては、さぞかし残念に思ったことだろう。

阿波おどりの再開と徳島ヴォルティス連の復活を、心から願う次第だ。

ヴォルタくん＆ティスちゃん
（徳島ヴォルティス）

徳島メシ

徳島といえば徳島ラーメン。白・茶・黄の三系統に分類され、最もポピュラーなのが、こちらの茶系。豚骨スープに醤油ダレを加え、トッピングは叉焼ではなく豚バラ肉を用い、お好みで生卵を落とす。

6

5

№ 37
「うどん県」だからこその一点突破
香川県

・総面積　約1876平方㎞
・総人口　約95万人
・都道府県庁所在地　高松市
・隣接する都道府県　岡山県、徳島県、愛媛県
・主なサッカークラブ　カマタマーレ讃岐、多度津フットボールクラブ、アルヴェリオ高松
・主な出身サッカー選手　北野誠、氏原良二、高木和正

香川県は、全47都道府県の中で最も総面積が小さいことでも知られている。

ここを本拠としているJクラブといえば、2019年からJ3に所属しているカマタマーレ讃岐である。クラブの所在地は高松市だが、ホームゲームが開催されているのは丸亀市。ところがクラブ名には、高松でも丸亀でも香川でもなく、廃藩置県以前の「讃岐」が採用されている。その理由について、黎明期のフロントのひとりは、このように説明してくれた。

「香川を3つに分けると、東讃、中讃、西讃となるんですが（東讃の）高松をクラブ名にしてしまうと、中讃や西讃の協力を得られない恐れがありました。何しろ人口も100万足らずですし、日本一小さい県ですから、県全体を市場にしないといけない。じゃあ、香川と讃岐、どちらがいいかと言えば『やっぱり、うどんなら讃岐だろう』となったわけです」

カマタマーレとは、讃岐うどんの「釜玉」、そしてイタリア語で海を意味する「マーレ」を組み合わせた造語として、2005年10月23日に発表された。当時の新聞記事によると「讃岐うどんのように滑らかなパス回しで、コシが強く逆境にもめげない、粘りのあるチームになってほしい」との願いが込められていたようだ。どうにも「カマタマ」のインパクトばかりが語られがちだが、個人的には「マーレ」すなわち瀬戸の海[1]についても、もっと目を向けるべきだと思っている。

瀬戸内海に浮かぶ島々の中で、県内最大の小豆島は、気軽にアクセスしやすい観光スポットのひとつ。壺井栄の名作『二十四の瞳』の舞台としても有名で、土庄港では作品をモティーフにしたブロンズ像が迎えてくれる。高松港からはフェ

1

2

リーで1時間。瀬戸の海の美しさを体感するには、ちょうどよい距離感だ。

カマタマーレの取材では、必然的に丸亀駅周辺に投宿することになるのだが、高松駅周辺を素通りするのはもったいない。まず驚かされるのが「サンポート高松」[2]として再開発された駅前の風景。高松港に続く駅北側は、オフィスビルや合同庁舎や高層マンションに加えて、四国最大級のシティホテルや高松シンボルタワーがそびえ立つ。高松の繁華街といえば、かつては瓦町周辺の一択であったが、最近は高松駅周辺が新たな商業拠点として注目されている。

高松に来たら、やはり「うどんめぐり」は欠かせない。とはいえ、名店は辺鄙な場所にあることも少なくないので、どうしてもアクセスの問題が生じる。レンタカーやタクシーを利用するのもありだが、ことでん[3](高松琴平電気鉄道)に揺られながらうどん屋をハシゴするのも悪くない。1日フリーきっぷは１２３０円(小人６２０円)。余談ながらことでんは、京王線や京急線などの払い下げ車両を活用しており、鉄道ファンの間では「動く鉄道博物館」と呼ばれている。

さて、カマタマーレ讃岐である。その前身は、１９５６年に県立高松商業高校サッカー部のＯＢチームであった。その後「香川紫雲ＦＣ」となり、なぜか消費者金融会社と5年間のスポンサー契約を結んで「サンライフＦＣ」に改称。この契約を終えると、将来のJリーグ入りを目指して「高松ＦＣ」となり、２００６年に現在のクラブ名となった。四国リーグ時代[4]は、サポーターの数も限られていたが、彼らが試合前に唱和する「瀬戸の花嫁」のチャントには、いつも胸が熱くなるのを感じた。

3

4

その後、カマタマーレは２０１１年にＪＦＬに昇格。２０１３年には、ガイナーレ鳥取との入れ替え戦に勝利して、翌14年にＪ３を経ることなくＪ２に到達した。カマタマーレのホームゲームが開催される、Ｐｉｋａｒａスタジアム（ピカスタ）[5]がオープンしたのは１９９７年のこと。翌98年に開催された、インターハイのメイン会場となり、２０００年代初頭にはＦＣ東京のホームゲームも２試合行われている。

クラブ名もうどん、エンブレムもうどん。となればマスコットも当然、うどんとなる。現在のクラブ名が発表された直後、ある漫画家が「うどん１年分でキャラクター描くよ！」と自身のホームページで宣言。地域リーグ時代の緩さと勢いもあり、うどんと玉子をモティーフにしたマスコットが誕生したが、諸事情であえなくお蔵入りとなってしまった。その後、マスコット不在の時代が続いたが、２０１７年に公式マスコットのさぬぴー[6]が誕生。食べ物の擬人化に苦心の跡が感じられるが、今ではすっかりサポーターに愛される存在となっている。

さぬぴー
（カマタマーレ讃岐）

香川メシ

うどん以外にも、骨付き鳥やタコ判といったＢ級グルメはある。けれども香川を訪れたなら、やはりうどんは欠かせない。地元の人々も「香川で誇れるものは、うどんしかないですから」と苦笑する。

5

6

№ 38

意外な人物が促した県内2強の「ユナイテッド」

高知県

・総面積　約７１０４平方km
・総人口　約69万人
・都道府県庁所在地　高知市
・隣接する都道府県　徳島県、愛媛県
・主なサッカークラブ　高知ユナイテッドSC、KUFC南国、リャーマス高知FC、FC柳町
・主な出身サッカー選手　山口智、吉村圭司、小松塁

高知県はサッカーよりも「野球王国」のイメージが強い。私に高知の存在を初めて知らしめたのが、水島新司の長編野球漫画『ドカベン』。明訓高校の宿命のライバル、土佐丸高校こそが少年時代の「高知のアイコン」であった。

四国4県の中でも、とりわけ高知は「サッカー不毛の地」と呼ばれ、同県出身のプロ選手も極めて少ない。山口智にしても吉村圭司にしても、中学卒業と同時に高知県を後にしているのは、地元に彼らの才能を育むだけの土壌がなかったからだろう。県内のサッカー界を牽引してきたのは、高知大学体育会サッカー部で、菅和範、實藤友紀、有間潤といったOBたちがJリーガーとなっている。

高知県のクラブが、初めて「上」を意識するようになったのは、21世紀に入ってからの話である。２００１年の地域決勝（現・地域CL）に、四国チャンピオンとして出場した南国高知FCが、初めて決勝ラウンドに進出。わずかに1ゴールが足りず、JFL昇格を逃している。しかし、その後は大きなトピックスもなく、高知からJリーグを目指すという機運も萎んでいった。

高知といえば、まず思い浮かぶのが坂本龍馬。２０１１年にJR高知駅前に建てられた、土佐勤王党3志士像[1]（向かって龍馬の左が武市半平太、右が中岡慎太郎）は、高知観光の撮影スポットとしてすっかり定着している。台座を含めると、高さは８・３メートル。ブロンズ像のように見えるが、実は強化発泡スチロール製で重さは約４００キロ。台風が接近すると撤去されるため、ネット上で「龍馬が脱藩！」と話題となることもしばしばである。

高知といえば、次に思い浮かぶのがはりまや橋[2]。その存在を知ったのは、前述

1

2

した土佐丸の犬飼小次郎主将による「（打倒・明訓のあかつきには）真紅の大優勝旗はりまや橋を渡るんだ！」というセリフ。さぞかし立派な橋なんだろうと思ったら、あまりの小ささとレプリカ感に愕然とした記憶がある。はりまや橋は、北海道の札幌時計台、長崎県のオランダ坂と並んで「日本三大がっかり名所」と呼ばれているそうだ。

高知といえば、もうひとつ忘れてならないのがアンパンマン[3]。高知市内を歩いていると、アンパンマンのラッピングが施された路面電車や石像をあちこちで目にする。ＪＲ四国でも２０００年から「アンパンマン列車」を運行。ＪＲ高知駅の接近メロディは、もちろん『アンパンマンのマーチ』である。原作者のやなせたかしは、東京都の北区で出生しているが、父親の実家が高知県香美市。２０１１年に高知県名誉県民第1号として顕彰されている。

私にとっての高知といえば、まず思い浮かぶのが１９８７年にオープンした、県立春野総合運動公園陸上競技場[4]。ここには、地域決勝の取材で何度も訪れている。２００１年3月17日には初めてＪリーグの試合が行われ、翌年には「よさこい高知国体」のメイン会場となっている。この会場で、全国リーグの試合が定期的に行われるようになったのは、２０２０年になってから。その経緯については、南国高知のその後について語る必要がある。

２０１４年、南国高知は「アイゴッソ高知」と名を改め、本格的にＪリーグを目指すことを宣言する。しかし同年、優勝したのはダービー関係にある、高知ＵトラスターＦＣ。高知大学と提携していたトラスターに、アイゴッソは2シー

3

4

ズン連続で後塵を拝することとなる。さらに２０１５年からは、元日本代表監督の岡田武史氏をクラブ代表に迎えたＦＣ今治が、高知の2強を圧倒。ＦＣ今治は四国リーグの風景を一変させ、２０１６年には地域ＣＬを突破した。

結論から言えば、岡田氏が隣県にやって来たことが、高知の２クラブの合併を促すこととなった。２０１６年1月15日、アイゴッソとトラスターが合併し、新たに高知ユナイテッドＳＣとなることを発表。クラブカラーは、アイゴッソの赤とトラスターの緑を合わせたものとなり、高知の名産品であるカツオがエンブレム[5]の中央を飾った。ユナイテッドは、その後4シーズンにわたって四国リーグで足踏みを続けたが、２０２０年からは戦いの舞台をＪＦＬに移している。

最後に、高知取材の際に必ず訪れる、ひろめ市場[6]を紹介したい。名前は市場だが、土着的なフードコートといった趣で、高知の郷土料理のみならず、中華やコリアンなど40以上の飲食店が軒を連ねる。オーダーはスタグル方式で、各店舗のいいところ取りができるのも嬉しい。

高知メシ

高知といえば、カツオのたたき。地元産のカツオを強力な火力で焼き上げ、冷水で一気に締めて出来上がり。ネギやミョウガ、おろし生姜、スライスニンニクなどを載せ、ポン酢や塩をかけていただく。

6

5

№39

山の中の兼用スタジアムとむき出しの専用スタジアム

愛媛県

・総面積　約５６７６平方km
・総人口　約１３２万人
・都道府県庁所在地　松山市
・隣接する都道府県　徳島県、香川県、高知県、広島県
・主なサッカークラブ　愛媛ＦＣ、ＦＣ今治、レベニロッソＮＣ、愛媛ＦＣレディース
・主な出身サッカー選手　實好礼忠、森岡茂、大森健作、福西崇史、阿部吉朗、菅和範、長友佑都、川又堅碁

愛媛県は、高知と並んで四国を代表する野球県。当地が生んだ俳人、正岡子規が訳した野球用語（打者、走者、四球、飛球など）は数知れず。松山市内の坊っちゃんスタジアム内には、野球歴史資料館「の・ボールミュージアム」もある。

そんな愛媛が四国で唯一、２つのＪクラブを持つ県となっているのは、実に興味深い事実である。ここで注目したいのが、それぞれがホームゲームを開催する、対照的な２つのスタジアム。時代背景もコンセプトもまったく異なる、この２つのスタジアムから、愛媛県のフットボール事情を読み解いていくことにしたい。

松山市のニンジニアスタジアム[1]（ニンスタ）は、１９８０年に開催されたインターハイのメイン会場として、前年の79年に愛媛県総合運動公園陸上競技場としてオープン。当時の資料には《霊峰石槌山を遥かに望む西野台地の恵まれた自然環境》とあり、都会から離れた大自然の中にスポーツ施設はあるべしという、昭和の価値観がひしひしと伝わってくる。

それから時は流れ、当時ＪＦＬだった愛媛ＦＣ[2]のＪリーグ加盟の条件を満たすべく、県は２００５年にスタジアム改修の特別予算を計上する。かくして愛媛ＦＣのホームスタジアムは、山の中に固定化されることとなった。

松山市駅からニンスタへは、バスで40分弱。本数が限られる上に運賃も高い。毎年のようにクラブが集客で苦しんでいるのは、スタジアムへのアクセスの悪さが原因であることは明らかだ。一方、松山市の中心にある堀之内には、10年以上も放置されている広大な空き地がある。愛媛ＦＣサポならずとも「ここにサッカー専用スタジアムができたら」と夢想したくなるのだが、行政側にそうした動

1

2

きは一切見られない。

愛媛ＦＣの前身は、県立松山東高校ＯＢが１９７０年に創設した、松山サッカークラブ。１９９６年には将来のＪリーグ入りを目指し、愛媛ＦＣに改称している。県庁所在地が県名と異なる場合、市の名称を冠するＪクラブが圧倒的に多い。松山を名乗らなかったのは「愛媛県で唯一のＪクラブ（を目指す）」という自負ゆえではなかったか。

そんな愛媛ＦＣが、全国のサッカーファンの間で有名なのは、マスコットの数の多さと認知度の高さゆえのことである。県の名産品であるオレンジをモティーフとした、オ〜レくん、たま媛ちゃん、伊予柑太。そしてカエルの一平くん[3]と金太という総勢５匹（？）が、ニンスタでのホームゲームを盛り上げる。このうち非公認マスコットである一平くんは、時おりアウェイ会場や日本代表の試合にも出没するため、サッカー界隈では知らぬ者はない存在となっている。

愛媛ＦＣがＪクラブとなった２００６年から14年後、東予の今治市[4]に県内第２のＪクラブが誕生することを予想した人は、果たしてどれだけいただろうか。造船とタオルで有名な今治市は、松山市に次ぐ人口を誇るものの、それでも15万人弱。とてもＪクラブを支えられる人口規模ではないと目されていた。

そんな今治に、元日本代表監督の岡田武史氏がやって来て、地元クラブの代表となってから、新たなＪクラブの胎動が始まる。新体制となった最初の２シーズンは、四国リーグということでスタンドのない人工芝の桜井海浜ふれあい広場[5]サッカー場をホームグラウンドとした。その最初のホームゲームには、想定を

4

3

はるかに超える880人もの観客が詰めかけ、地元のゆるキャラ「バリィさん」も登場した。

それから2年後の2017年9月、FC今治は市から建設地を無償で借り受け、5000人収容の球技専用スタジアム、[6]ありがとうサービス.夢スタジアム（夢スタ）を完成させる。

注目すべきは、極めてシンプルな夢スタのデザイン。客席には柵もなければフェンスもなく、まさにむき出しの状態なので、時おりシュートが客席に飛び込んでくる。「足りない設備もありますが、そこは皆さまと一緒に心の豊かさで乗り越えていきたい」と岡田代表。今治での壮大な実験は、まだ始まったばかりである。

愛媛FCとFC今治の関係性は、今後の地域スポーツのあり方にも一石を投じるものとなるかもしれない。人口およそ132万人の県に、2つのJクラブの共存は可能なのか？　両者が相乗効果を生み出すための条件は何か？

こちらは全国が注目する、県を挙げての壮大な実験となりそうだ。

オ〜レくん、
たま媛ちゃん、伊予柑太
（愛媛FC）

愛媛メシ

愛媛のソウルフードとして親しまれている鍋焼きうどん。特徴は、アルミの器と甘めの出汁、そして柔らかい麺。甘いものが貴重だった、戦後間もない時代に誕生し、今も当時の味覚を守り続けている。

6

5

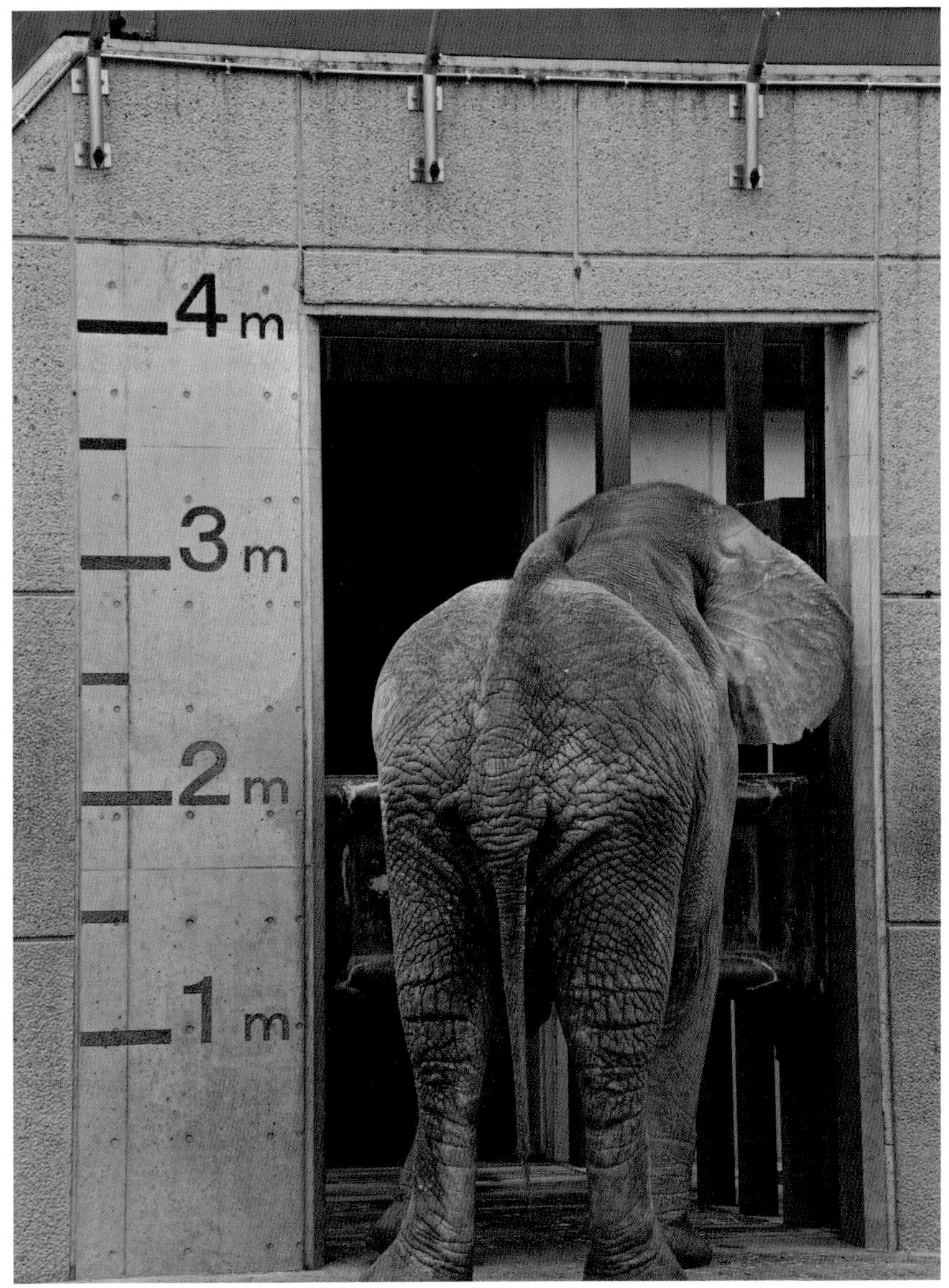

ニンスタのすぐ近くにある、愛媛県立とべ動物園。ホッキョクグマの人工哺育に国内で初めて成功し、動物の特徴や生態がストレートに伝わる展示方法にも定評がある。集客の争奪戦という意味では、愛媛FCの最大のライバルと言えよう。

コラム5

旅先でのマスコットが尊く感じられる理由

会いに来てね！

なぜ、スタジアムにマスコットがいるのか？　皆さんは考えたことがあるだろうか。

試合前とハーフタイム、そして試合後に登場するマスコットは、いうなれば幕間の「場つなぎ」のような存在である。否、正確には「であった」と言うべきであろう。

Jリーグのマスコットに関して言えば、確かに開幕当初は子供たちに手を振って愛嬌を振りまく存在でしかなかった。しかしフットボールの戦術、あるいはクラブの経営やマーケティングがそうであるように、マスコットもまた日々進化する。

現代のマスコットは、ただ試合を盛り上げるだけでなく、地域活動にも積極的だし、自らSNSでキャラ全開の発信も行っている。クラブのマーチャンダイズにマスコットは不可欠だし、マスコットにスポンサーが付くことも珍しくなくなった。そして何より、マスコットは選手と違って、移籍しなければ引退も（不祥事の心配も）ない。実は極めて安定的なアイコンでもあるのだ。

マスコットについて、多くのJリーグファンがまず思い浮かべるのが、マスコット総選挙。そして、FUJI XEROX SUPER CUP（以下、ゼロックス）でのマスコット大集合であろう。2020年2月8日（コロナ禍で世界が騒然とする直前）のゼロックスでは、Jリーグキングを含めて53体のマスコットが埼玉スタジアムに集結。私

も嬉々として撮影していたのだが、一方でかすかな後ろめたさも感じていた。

「遠くから来てくれるのは、もちろんありがたい。けれども、本来はこちらから出向いて行くべきではないか」――。そう、思ったのである。

アウェイの旅には、コレクションめいた楽しみがある。スタジアムだったり、ご当地グルメだったり、鉄道だったり、あるいはお城だったり。それらをスマートフォンで撮影して、時おりアルバムを見返しては、世知辛い日常から逃避しているサッカーファンも少なくない。

なぜ、それらが私たちの心を癒やしてくれるかといえば、スタジアムにしても、ご当地グルメにしても、鉄道にしても、あるいはお城にしても、いずれも非日常的な旅の記憶と分ち難く結び付いているからである。

そんな中、スタジアムやご当地グルメや鉄道やお城と違い、マスコットは自らの意思で移動することが可能だ。しかも年に一度、向こうから会いに来てくれる。そうなると、こっちも何となく会った気になってしまう。

しかし、ここで私は断言したい。同じマスコットでも、ゼロックスに来てくれる時と、ホームゲームに出演している時とでは、まったく違う。それは(何度も喩えに出すが)、物産展で供されるご当地グルメが、再現性において限界があるのと同じ理屈である

たとえばアウェイの会場で、対戦相手のマスコットを見た時、貴方はどんな感情を抱くだ

ろうか。「ぶっ潰してやる！」と思う人は、ごくわずかであろう。多くの人は「勝負は勝負、マスコットはマスコット」と割り切るだろうし、高揚感を抑えきれずにスマートフォンで撮影する人も少なくないはずだ。

　スタジアムやご当地グルメや鉄道、あるいはお城がそうであるように、遠征先で出会うマスコットもまた、極めてメモリアルなものである。のみならず、ゼロックスで出会った時とはまったく異なる感動を、彼らは与えてくれる。

　なぜ、旅先で出会うマスコットが、これほどまでに尊く感じられるのだろう？　私が思うに、それは「現地の風景や風土や風物とセットだから」だと思う。私自身の最近の経験から、思いつくままに挙げていこう。

　甲府の山々を背景にした、ヴァンくん＆フォーレちゃんによるマスコットショーの素晴らしさ。沖縄特有の湿気を感じながら、ジンベーニョに接近した時のワクワク感。さらには神戸牛を食べた日に、モーヴィに出会った時の気まずさ。これらはいずれも、現地に行かなければ体験できなかったことばかりだ。

　そんな、旅先でのマスコットとの出会いの中で感じた、どうにも割り切れない思いについて、最後に触れておきたい。それは、マスコットにマスクを着用させることの是非である。

　２０２０年以降、コロナ対策啓蒙の観点から、マスクを付けて登場するマスコットが急激に増加した。もちろん、趣旨としては理解できる。が、その上で「そろそろ外してあげてほし

い」というのが、私の切なる願いである。

理由は3つ。まず、マスク姿のマスコットを、そのまま写真に定着させるのは忍びないこと。次に、マスク着用はすでに日常生活のスタンダードとなっており、今さらマスコットに付けさせる必要性が感じられないこと。そして、Jリーグという非日常的な空間において、マスク姿のマスコットは、必ずしもプラスにならないということ。

ピッチ上では選手やレフェリーが、マスクなしで走り回っている。そうした中、マスクを着用しているマスコットは、今も一定数存在するのが実状。クラブの判断は尊重するが、そろそろ「ウチの子」をマスクから解放させてあげても、よいのではないだろうか。

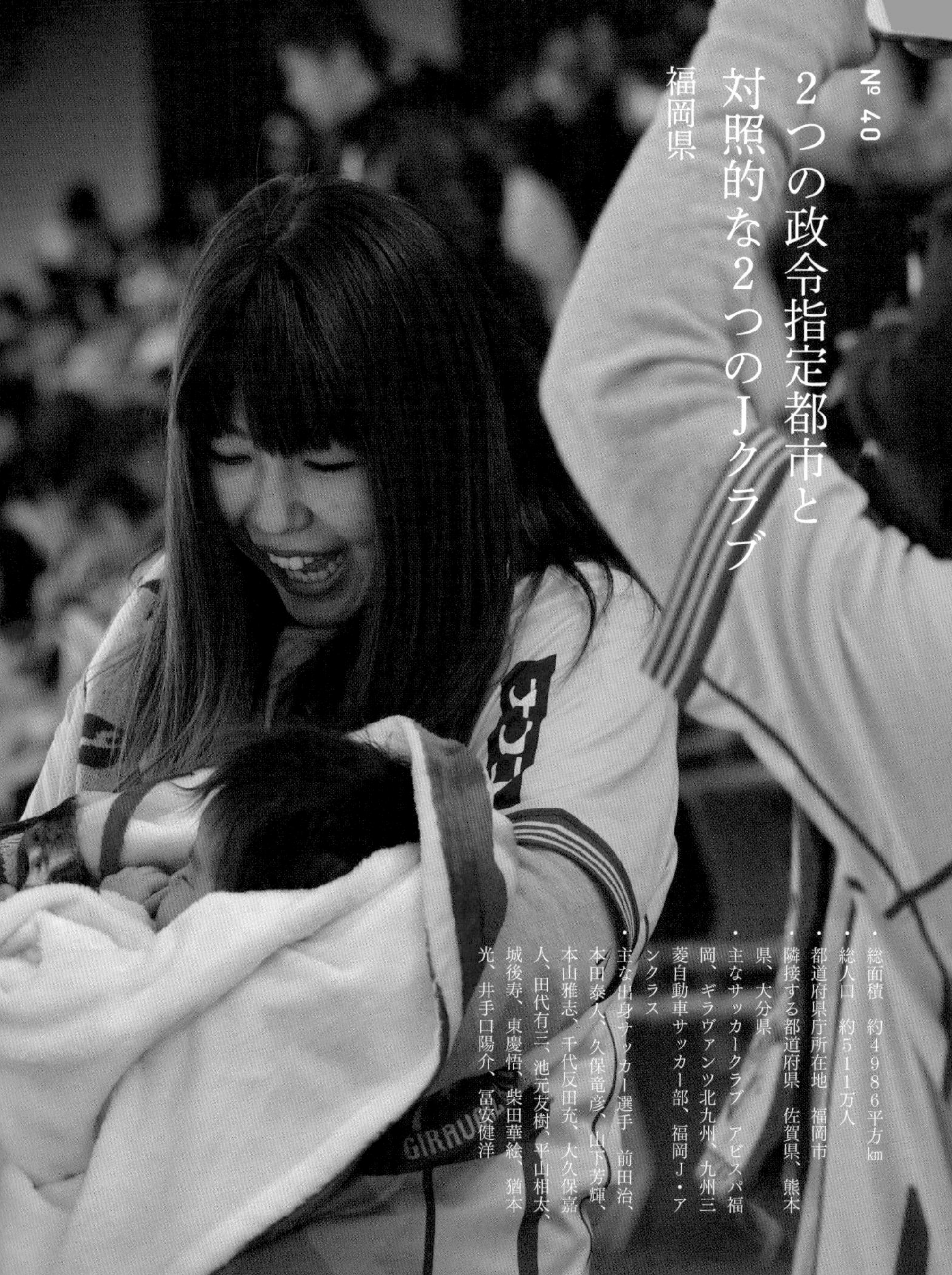

№40

2つの政令指定都市と対照的な2つのJクラブ

福岡県

- 総面積　約4986平方㎞
- 総人口　約511万人
- 都道府県庁所在地　福岡市
- 隣接する都道府県　佐賀県、熊本県、大分県
- 主なサッカークラブ　アビスパ福岡、ギラヴァンツ北九州、九州三菱自動車サッカー部、福岡J・アンクラス
- 主な出身サッカー選手　前田治、本田泰人、久保竜彦、山下芳輝、本山雅志、千代反田充、大久保嘉人、田代有三、池元友樹、平山相太、城後寿、東慶悟、柴田華絵、猶本光、井手口陽介、冨安健洋

12

福岡県は九州で唯一、2つの政令指定都市を持つ県である。人口160万人の福岡市と、同94万人の北九州市。その距離わずか70キロだが、2つの市の間にはそれ以上の「距離感」がある。国際都市と工業都市。ラーメン文化とうどん文化。言葉についても、博多弁と北九州弁はイントネーションも語尾も微妙に異なる。

フットボールに関しては、アビスパ福岡とギラヴァンツ北九州、2つのJクラブを持つ福岡県。いちおう両者はダービーの関係にあるのだが、大阪や横浜や埼玉のそれと比べると、さほど盛り上がっている印象は受けない。

2010年から20年までの間、県内では12回のダービーが行われているが、入場者数が1万人を超えたのは2回しかない（どうもアビスパのサポーターはギラヴァンツではなく、隣県のサガン鳥栖と対戦するほうが燃えるらしい）。

そんな福岡市と北九州市だが、九州最大の都市の座をめぐっては、追いつ追われつの関係だった。福岡市が、最初に九州最大の都市となったのは1910年代のこと（それまでは熊本市の後塵を拝していた）。1963年には、5市の合併で誕生した北九州市がトップに躍り出るも、108万人をピークに人口減少が続いた。そして1979年には、福岡市が「盟主」の座に返り咲く。重工業からサービス業へ。2つの政令指定都市の人口推移が、経済のトレンドと見事にシンクロしているのも興味深い。

福岡県には、県外の人間からはうかがい知れない二面性があるようにも感じられる。ここはアビスパ福岡とギラヴァンツ北九州、2つのJクラブの歩みを比較

1

2

しながら、考察を試みることにしたい。

天神の屋台[1]で有名な福岡市は、九州初のJクラブが誕生した地でもある。ただし「九州発」ではなかった。そのルーツをたどると、1982年に静岡県藤枝市に誕生した、中央防犯サッカー部に行き着く。旧JFL（ジャパンフットボールリーグ）時代の1995年、熱烈なラブコールを受けてホームタウンを福岡市に移転。翌96年、現在のアビスパ福岡に改称している（94年に「中央防犯FC藤枝ブルックス」、95年に「福岡ブルックス」と毎年のようにクラブ名が変わった）。

アビスパのホーム、ベスト電器スタジアム[2]（東平尾公園博多の森球技場）は、1995年に開催されたユニバーシアード福岡大会のために建設された。2017年にミクニワールドスタジアム北九州（ミクスタ）が完成するまで、県内では唯一の球技専用スタジアムであった。ゴール裏のサポーター[3]は、ピッチになだれ込む誘惑に抗いながら応援しているようにも見える。

県外から福岡に定着したアビスパに対して、北九州のギラヴァンツは生粋の地元出身。その前身が、1947年に創部された三菱化成黒崎サッカー部というのも、いかにも工業都市らしい。2001年に「ニューウェーブ北九州」に改称。将来のJリーグ入りを目指すようになり、2008年に九州リーグからJFLへ。そしてJ2に昇格した2010年、現在の名称となった。

J2昇格後もギラヴァンツは、2016年まで北九州市立本城陸上競技場[4]でホームゲームを行っていた。だが、このままではJ1ライセンスは交付されない。おりしも、小倉駅近くに球技専用スタジアムを建設するプランが浮上。2017

3

4

年にミクスタが完成し、ギラヴァンツは本城から移転することとなった。

ＪＲ小倉駅の新幹線口を出ると、旅人を迎えてくれるのは『銀河鉄道９９９』のメーテルと星野鉄郎の銅像[5]。キャプテンハーロックの勇姿も見える。作者の松本零士は、小学3年から高校卒業まで小倉で暮らしていたそうだ。

小倉駅からミクスタまでは、徒歩で10分以内。このアクセスの良さに加え、ピッチの臨場感がビンビン伝わってくるのも素晴らしい。そして背景には、日本製鉄九州製鉄所の工場群と関門海峡[6]。ギラヴァンツのホームスタジアムは、駅チカであるばかりでなく海チカでもあるのだ。「これだけ海に隣接したスタジアムは、日本でここだけです」と、クラブ関係者も胸を張る。

もっとも海に近いということは、ボールが海ポチャするリスクもある。そのためギラヴァンツのホームゲームは、漁船が「海のボールパーソン」として待機。ちなみに「海ポチャ第1号」となったのは、ギラヴァンツのＧＫ高橋拓也で、オープン間もない２０１７年６月10日での快挙だった。

アビーくん＆ビビーちゃん
（アビスパ福岡）

福岡メシ

B級グルメが充実している福岡で、最も有名なのが長浜ラーメン。博多漁港で働く人々のために、スピーディに提供できるよう麺を細くし、お代わりできる替玉システムを導入して人気を博している。

5

6

福岡市の繁華街である天神には、サッカーファンが集まるスポーツバーがいくつかある。アビスパ福岡の中継映像を見ながら食事ができる「ハッチ」もそのひとつ。人気メニューのおでんをつつきながら、深いサッカー談義を楽しみたい。

№ 41

浮き沈みの激しさと亀のごときクラブの歩み

大分県

・総面積　約６３４１平方km
・総人口　約１１２万人
・都道府県庁所在地　大分市
・隣接する都道府県　福岡県、熊本県、宮崎県
・主なサッカークラブ　大分トリニータ、ヴェルスパ大分、日本製鉄大分サッカー部、ＦＣ中津、ジェイリースＦＣ
・主な出身サッカー選手　永井秀樹、三浦淳寛、西川周作、清武弘嗣、清武功暉、松原健、安東輝、岩田智輝

大分県は九州で唯一、2002年ワールドカップの開催都市に選ばれた県である。これほどのビッグイベントがなければ、人口112万人の県に4万人収容のスタジアムができることはなかっただろう。その後も大分では、たびたびキリンチャレンジカップが開催され、2019年のラグビー・ワールドカップではオールブラックスの試合も行われている。

大分には何度も訪れているが、2006年に大分スポーツ公園総合競技場サッカー・ラグビー場で開催された地域決勝（現・地域CL）の決勝ラウンドが、実は最も印象に残っている。その時に撮影したのが「三位一体」[1]の石碑。大分トリニータという名称は、もともと三位一体を表す「トリニティ（Trinity）」に由来し、県民・企業・行政が一致団結することを表している。

トリニータの源流は、1994年4月に立ち上がった任意団体、大分フットボールクラブ。大分県1部と九州リーグを連覇すると、さらに地元で行われた地域決勝でも2位を確保し、発足からわずか2年で旧JFL（ジャパンフットボールリーグ）に駆け上がっている。

その全国リーグ昇格の舞台となった大分市営陸上競技場[2]は、トリニータの古参サポーターの間で「聖地」の扱いを受けている。1999年に創設されたJ2のオリジナルメンバーとなったトリニータは、そのシーズンの最終節でモンテディオ山形とJ1昇格を懸けた伝説的な死闘を演じた（結局、3位に終わって昇格ならず）。ワールドカップ以降、トリニータは大分市陸から離れ、現在はJFLのヴェルスパ大分がホームゲームを開催している。

2

1

トリニータのホームスタジアム、昭和電工ドーム大分[3]。この施設について、最も核心を突いた表現といえば、横浜F・マリノスのサポーターが掲げた「大分遠すぎ」という横断幕に尽きる。大分空港から大分駅までリムジンで60分。そこからシャトルバスで30分（路線バスだと35分＋徒歩5分）。飛行機での移動を含めれば、アウェイサポによる「大分遠すぎ」というメッセージにも、一定以上の正当性が認められよう。

もっとも、遠すぎるスタジアムで応援を続けるトリニータのサポーター[4]くらい、この20年で激しい振幅を経験してきた人々は見当たらない。

２００８年にナビスコカップ（現・ルヴァンカップ）で優勝。リーグ戦でも歴代最高の4位に上り詰めた。しかしその後は、深刻な経営難に見舞われて２０１０年にＪ２に降格。２０１２年のＪ１昇格プレーオフを制し、翌13年にＪ１復帰を果たすも、16年にはＪ３まで滑り落ちている。しかし同年、片野坂知宏監督が就任すると、２０１９年には3度目のＪ１復帰を果たした。

絶頂からどん底へ、そしてまた絶頂へ。２００８年以降のトリニータの歩みは、ジェットコースターというよりも、むしろ亀の歩みのように感じられる。歩みは遅いけれど、一歩一歩踏みしめながら高みを目指していく。何かの拍子で転げ落ちても、めげることなく再び歩み続ける。まさに、クラブマスコットのニータンそのものだ。スピード感やアジリティから最も遠い位置にいる亀のニータンは、実のところ、クラブの歩みを象徴するマスコットだったのである。

そんなニータンの故郷とされているのが、別府市にある八幡竈門神社。７２７

3

4

年（神亀4年）に創建された由緒ある神社で、そこに祀られている御神亀（通称・なで亀）[5]こそ、実はニータンのモデルであった。毎年、最も縁起の良い方角を向いており、なでて拝むと開運や健康などのご利益がある。ちなみに八幡竈門（かまど）神社は、人気漫画『鬼滅の刃』の主人公、竈門炭治郎に通じることから、最近は鬼滅ファンも多く訪れるそうだ。

「おんせん県」大分の中でも、とりわけ泉都として知られる別府市。JR別府駅では「別府観光の生みの親」油屋熊八[6]（1863-1935）の像が出迎えてくれる。よくよく観察すると、熊八がまとうマントには温泉マークが入っており、地獄めぐりの小鬼がしがみついている。

実業家にして、アイデアマンでもあった熊八。「山は富士、海は瀬戸内、湯は別府」というキャッチフレーズをはじめ、日本初の女性バスガイドや地獄めぐりを考案したことでも知られている。大分取材では、素通りするばかりだった別府。次に訪れる時は、ゆったりと温泉に浸かりたいものだ。

ニータン
（大分トリニータ）

大分メシ

大分の代表的なご当地グルメといえば、だんご汁。うどんのようだが、地粉をこねて作った団子をヒモ状に伸ばし、いりこ出汁で季節の野菜と共に煮込んだ汁物である。栄養価が高い上、腹持ちもいい。

6

5

2017年の晩秋、ニータンの写真集の撮影で大分を訪れる機会があった。こちらは上野の森の丘陵地にある、大分市美術館で撮影したニータン。館内の作品もさることながら、別府湾や高崎山や由布岳が見渡せるロケーションも素晴らしい。

№ 42 小さな港町の少年団がJリーグにたどり着くまで

宮崎県

- 総面積　約7735平方km
- 総人口　約106万人
- 都道府県庁所在地　宮崎市
- 隣接する都道府県　大分県、熊本県、鹿児島県
- 主なサッカークラブ　テゲバジャーロ宮崎、ホンダロックSC、ヴェロスクロノス都農
- 主な出身サッカー選手　戸田光洋、戸田賢良、中山悟志、倉石圭二、水永翔馬、増田誓志、伊野波雅彦、興梠慎三

宮崎県は２０２０年まで、九州唯一のＪクラブ空白県だった。気候が温暖で食べ物も美味しく、高千穂神社をはじめとするパワースポット系の観光地も多い。そんな宮崎にＪクラブができたことで、観光とセットでＪリーグ観戦を楽しめるようになったのは、遠征好きのファンとしては非常にありがたい話ではある。ではなぜ宮崎県は、ずっとＪクラブの空白県であり続けてきたのか？　むしろ、そちらの方が気になるところだ。

サッカーが盛んでなかったわけではない。高校サッカーでいえば、日章学園や鵬翔高校が有名で、後者は全国制覇を達成。日本代表クラスのＪリーガーも輩出している。そうした土壌がありながら、なかなかＪを目指すクラブが出てこなかったのは、単純な話、県民がそれを欲してこなかったことに尽きる。どういうことか？　さっそくＪＲ宮崎駅前から、今回の旅を始めることにしよう。

宮崎県のパブリックイメージといえば、昭和の時代ならば新婚旅行、そして平成の時代ならキャンプ地であろう。近年は多くのＪクラブも宮崎で始動するようになり、宮崎駅近くにある「スポーツプラザ宮崎」[1]では、当地を訪れた球団やクラブのユニフォームが展示されている。こうしたキャンプ地の伝統ゆえに、宮崎では「スポーツはタダで見るもの」という認識が固定化され、プロスポーツ文化が地元に根付かない大きな要因にもなっている。

そんな中、テゲバ以前から全国リーグを戦ってきたのが、ＪＦＬに所属するホンダロックＳＣ[2]である。本田技研の１００％子会社のキーロックメーカーとして、株式会社ホンダロックが宮崎の地に創業したのが１９６２年。その２年

1

2

後には、社内福利厚生を目的としてサッカー部が誕生している。２００５年にＪＦＬに昇格するも、２シーズンで九州リーグに出戻り。再昇格した２００９年以降は、ずっとアマチュア最高峰での活動を続けている。

テゲバ以前にも、Ｊリーグを目指す試みが県内になかったわけではない。しかし、見通しの甘いクラブ作りが仇となって挫折。２０００年代を通して「宮崎にプロクラブを」という機運が生まれることはなかった。そんな中、県北の門川町を出自とするＭＳＵ（宮崎スポーツマンユナイテッド）ＦＣというクラブが、２００９年に宮崎市に移転。２０１５年にクラブ名をテゲバジャーロ宮崎と改め、３年後の18年にはＪＦＬ昇格を果たす。そして同年には初めて、全国リーグでの宮崎ダービー[3]が実現した。

そのダービーも3シーズンで終了し、いよいよ２０２１年から県内初のＪクラブとなったテゲバ。そのホームスタジアムが建設されたのが、児湯郡新富町である。当地には航空自衛隊の新田原基地があり、訓練中の凄まじい爆音には誰もが度肝を抜かれるはずだ。防衛省からは自治体に対して補助金が下り、その一部がスタジアムの建設費用に充てられた。最寄り駅の日向新富駅には、Ｔ－33シューティングスター練習機[4]が展示してある。

私が新富町を訪れたのは２０１９年の5月のことで、当時は建設予定地の[5]状態だった。現在のユニリーバスタジアム新富は５０００人収容だが、今後はカテゴリーが上がるのに合わせて拡張工事を行い、最終的にはＪ１基準の１万５０００人収容を想定している。建設費用はクラブ側が調達して、完成後

3

4

に新富町に寄付。公共施設として、クラブと自治体が共同で運営・管理していく。将来的には、県協会も引っ越してくるそうだ。

最後に、テゲバ発祥の地を探訪することにしたい。ＪＲ宮崎駅から日豊本線で1時間半、目指すは県北の門川町[6]である。クラブの源流をたどると、１９６５年に創設された「門川クラブ」という少年団に行き着く。実はテゲバのスタッフや選手の中にも、門川町の出身者が少なくない。

日向灘に面し、国の天然記念物であるカンムリウミスズメの繁殖地として知られる門川町は、漁業と水産加工業が盛んな人口2万人足らずの小さな港町。そこで活動していた少年団が、半世紀の歴史を刻みながらＪリーグに到達する。実にロマンのある話ではないか。

現在の門川町で、テゲバの痕跡を見つけることは難しい。宮崎県初のＪクラブが将来、輝かしい栄光を手にした暁には、ぜひ当地に記念のモニュメントを建立してほしいものだ。

宮崎メシ

門川町の「一六八会館」の刺身定食。テゲバの元監督、倉石圭二さんのご実家である。港町ゆえに、刺し身は当然として、地元の細麺うどんも美味だった。この刺身定食は、事前の予約が必要とのこと。

5

6

№ 43

「通り過ぎる街」と駅チカスタジアムが起こした奇跡

佐賀県

・総面積　約2441平方km
・総人口　約81万人
・都道府県庁所在地　佐賀市
・隣接する都道府県　福岡県、長崎県
・主なサッカークラブ　サガン鳥栖、佐賀LIXIL FC、川副クラブ
・主な出身サッカー選手　副島博志、原田武男、片渕浩一郎、板橋洋青、中野伸哉

佐賀県といえば、サガン鳥栖。初めてJ1に昇格してから、2021年でついに10シーズン目を迎えた。

これほど長きにわたりトップリーグにとどまるJクラブは、九州ではサガン鳥栖のみ。大分トリニータでさえ、J1での最長在籍は7シーズンである。1997年のクラブ創設以来、何度も経営危機と成績不振に苦しんできたサガン鳥栖だが、この事実はもっと周知されてしかるべきであろう。

サガン鳥栖の希少性は、まだある。ホームタウンの鳥栖市は、県庁所在地でないばかりか、人口規模は県内で3番目（およそ7万5000人）。県内唯一のJクラブが、県名も県庁所在地名も冠していない例は極めて稀だ。しかも5文字で、県名をさりげなくアピールしているクラブ名も秀逸である。

福岡県と長崎県に挟まれているためか、佐賀県にはどこか地味な印象が否めない。とはいえ、それなりに観光スポットは充実している。

焼き物の街で有名な有田には、鳥栖駅から特急で1時間。登り窯をイメージした有田駅[1]からタクシーを利用すれば、有田焼の美術館や窯をめぐることができる。温泉好きなら「日本三大美肌の湯」で知られる、嬉野（うれしの）温泉もお勧め。有田駅から4つ先、武雄温泉駅からバスに乗り換えて30分ほどの距離感だ。

鳥栖駅から最も近い観光スポットといえば、国営吉野ヶ里歴史公園[2]。当地に集落が生まれたのは、紀元前4世紀の弥生時代のことで、竪穴住居や高床住居、さらには物見櫓（やぐら）などが見事に復元されている。さほど知識がなくても、古代のロマンを楽しめること間違いなし。もっとも、試合前に見学するときは注意が必要だ。

2

1

鳥栖駅から吉野ケ里駅までは20分、そこからさらに徒歩で20分。電車の本数も限られているので、片道1時間くらいの余裕は見ておきたい。

サガン鳥栖のマスコットといえば、ウィントス。しかしここでは、佐賀県と有明海の非公認マスコット、有明ガタゴロウ[3]を紹介したい。佐賀弁でしゃべり、見事な筆致でイラストを描くこともできる。熱狂的なサガン鳥栖のサポーターでありながら、大人の事情でスタジアムに立ち入ることはできない。小脇に抱えているのは、有明海に生息するワラスボくん。時おり口にする「ガタガタ干潟ァ〜有明海ィ〜」というフレーズは、いつまでも耳に残る。

それでは満を持して、サガン鳥栖の試合会場に向かうことにしよう。鳥栖駅からスタジアムまでは、わずか徒歩3分。これほど駅チカなのは、鳥栖機関区及び鳥栖操車場跡地にスタジアムが作られたからだ。旧ＪＦＬ（ジャパンフットボールリーグ）に所属していた、鳥栖フューチャーズのホームスタジアムとしてオープンしたのは１９９６年。しかし翌97年1月、駅チカの球技専用スタジアムを遺して、フューチャーズは解散してしまう。もしも未完成のままだったら、この地にＪクラブが誕生することはなかっただろう。

現在のスタジアム名は「駅前不動産スタジアム」[4]。ネーミングライツ契約をしたのは、株式会社駅前不動産ホールディングスである。実は佐賀県ではなく、福岡県久留米市の企業。当初は「駅スタ」という愛称に抵抗を覚えるファンもいたようだが、これほど駅チカ感いっぱいのネーミングもない。

鳥栖の場合、駅とスタジアムがお互いを必要としていたのではないか——。駅

4

3

スタの記者席からの絶景[5]を見ていると、そんな感情を抱かずにはいられない。

鳥栖駅の開業は1889年(明治22年)。九州最古の駅のひとつであり、昔から交通の要衝でもあった。そして交通の要衝とは、換言するなら「通り過ぎる街」。人口わずか7万5000人弱の通り過ぎる街に、サガン鳥栖が誕生するためには、確かにスタジアムは不可欠であった。けれども、それだけではクラブは持続しないし、トップリーグに到達することもなかったはずだ。Jの灯火を絶やさなかった、地域の弛まぬ努力についても、敬意が払われるべきだと思う。

2012年に悲願のJ1昇格を果たしたサガン鳥栖。以来、彼らはトップリーグで戦い続け、J1初昇格後に降格していない唯一のクラブとなっている。試合後の会場で、ソフトバンクホークスとサガン鳥栖のコラボ企画[6]を見つけた。これも鳥栖がJ1クラブであり続けたからこそ、九州の強豪球団と「同格」の扱いを受けることとなったと理解してよいだろう。

通り過ぎる街と、駅チカスタジアムが起こした奇跡。それがサガン鳥栖である。

ウィントス
(サガン鳥栖)

佐賀メシ

佐賀を訪れる、アウェイサポの間で有名なのが、鳥栖駅の5番・6番ホームにある「中央軒」のかしわうどん。薄味ながら、滋味深いスープと鶏肉の風味が食欲をそそる。これで、たったの350円!

5

6

№44

空と海と半島と時々コミネ先生

長崎県

- 総面積　約４１３１平方km
- 総人口　約１２９万人
- 都道府県庁所在地　長崎市
- 隣接する都道府県　佐賀県
- 主なサッカークラブ　V・ファーレン長崎、三菱重工長崎サッカー部
- 主な出身サッカー選手　小林伸二、勝矢寿延、高木琢也、前川和也、森保一、徳永悠平、中村北斗、梅崎司、田川亨介

長崎県について、かつて私は著書の中で「空と海と半島でできている」と表現した。これに「島」を加えなかったことを、今でも少し後悔している。

県内の半島は、島原、長崎、西彼杵（にしそのぎ）、北松浦の4つ。これに、五島列島、壱岐島、対馬といった島嶼が971もある。島の多さは日本一、海岸線の長さは（北方領土を含む）北海道に次いで2位である。

これだけ複雑な地形であるため、長崎、島原、諫早（いさはや）、佐世保といった各市は、それぞれ生活圏が完結している（高速道路が整備される以前は、行き来するのも難儀したそうだ）。「なかなか県がひとつにまとまらない」――。そんな潜在的な悩みを、長崎県はずっと抱えていたのである。

地理的な理由と別に、フットボールについても課題を抱えていた。長崎といえば、高校サッカー。島原商業高校や国見高校からは、幾多のJリーガーや日本代表が輩出されているが、彼らが戻って活躍できる場が県内にはなかった。一体感の欠如と人材流出。この2つの地域課題を解決すべく、2005年に「長崎からJリーグを目指す」V・ファーレン長崎が創設される。

フットボール観戦だけであれば、トランスコスモススタジアム長崎（トラスタ）がある諫早市だけで完結するが、それだけではもったいない。長崎は面積のわりには、地域性の違いが顕著なので、あちこち寄り道しながらトラスタを目指すことにしよう。

起点となるのは長崎市。軍艦島は少しハードルが高いが、グラバー園や出島や大浦天主堂、そして長崎新地中華街や平和公園など、市内の観光スポットはコン

1

2

パクトにまとまっている。いずれも路面電車[1]でアクセスが可能だ。

フットボールファンなら、やはり国見高校は訪ねておきたい。島原鉄道の多比良が最寄り駅なのだが、たまたま入った駅前の洋菓子店が、なぜか清水エスパルス推しだったのが気になった。あとで調べてみると、エスパルスの監督だった小林伸二さんの実家と知って思わず納得する。『西洋和菓子処コバヤシ』[2]は、国見高校のすぐ近くにあるが、小林さん自身は島原商業出身。当時の指導者は、あの小嶺忠敏（以下、コミネ）先生である。

国見町がある雲仙市は、温泉地としても有名。「雲仙地獄」[3]と呼ばれるエリアは、独特の硫黄の匂いで充満している。余談ながら、当地の温泉宿に投宿した際、廊下にコミネ先生の直筆サインを見つけた。それだけなら驚かないのだが、隣に往年の大女優、岸恵子のサインが飾られていて思わずのけぞりそうになった。それは県内における、コミネ先生の存在の大きさを痛感した瞬間でもあった。

雲仙市から島原市へ移動。雲仙岳の麓に位置し、有明海を臨む島原城を訪れてみる。さして城好きでもない私が、あえて天守閣に登ったのは、コミネ先生の古いインタビュー記事を覚えていたからだ。コミネ先生は島原商業のサッカー部顧問だった時代、ここからグラウンドを睥睨し、練習をサボっているサッカー部員がいないかチェックしていたという。なるほど確かに、ここからグラウンドは丸見えだ。この光景を私は「コミネ・ビュー」[4]と命名することにした。

島原市から諫早市に移動。いよいよトラスタに向かうことにする。V・ファーレン長崎のホームゲームで、オフ・ザ・ピッチ最大の楽しみといえば、何といっ

3

4

てもクラブマスコットのヴィヴィくん[5]である。後発マスコットの強みを生かした「弟（年下）キャラ」を早々に確立。その素振りは、一部で「あざとい（笑）」という批判を浴びながらも、県外のマスコットファンの心をも鷲づかみにした。Ｊリーグマスコット総選挙でも、２０１４年と21年に1位を獲得している。

トラスタ[6]は「長崎県立総合運動公園陸上競技場」として、１９６９年の国体のメイン会場としてオープン。そして2順目となる２０１４年の「長崎がんばらんば国体」のために大規模改修されたが、代替会場の目処が立たなかったため、Ｖ・ファーレンはＪＦＬで足踏みを続けることとなる。

その後いろいろあって、クラブは株式会社ジャパネットホールディングスの傘下に入ることとなった。そして同社は、アリーナやホテルやオフィスや商業施設を併設した、２万人収容のスタジアムを長崎市内に建設するプロジェクトを発表している。完成予定は２０２４年。クラブ設立から20年目で、Ｖ・ファーレン長崎は新たな時代を迎えようとしている。

ヴィヴィくん
（V・ファーレン長崎）

長崎メシ

美味しいものには事欠かない長崎。本場のちゃんぽんもお勧めだが、ここは「福砂屋」で試食したカステラを紹介したい。南蛮渡来の甘みは、鉄砲と並んで当時の日本人にカルチャーショックを与えた。

5

6

平和公園といえば「長崎平和祈念像」が有名だが、世界15カ国から寄贈されたモニュメントを集めた「世界平和シンボルゾーン」も必見。そのうち7カ国が旧社会主義陣営であり、平和を希求する願いに国境はないことを強く意識させる。

№45

被災地を励まし癒やしを与え続ける「真っ黒なあいつ」

熊本県

- 総面積　約7409平方㎞
- 総人口　約174万人
- 都道府県庁所在地　熊本市
- 隣接する都道府県　福岡県、大分県、宮崎県、鹿児島県
- 主なサッカークラブ　ロアッソ熊本、熊本県教員蹴友団、熊本ルネサンスフットボールクラブ
- 主な出身サッカー選手　巻誠一郎、巻佑樹、鐵戸裕史、谷口彰悟、車屋紳太郎、植田直通

熊本県に最大震度6強の大地震が発生したのは、２０１６年の4月14日夜と16日未明のこと。これほど大きな地震が九州地方を襲ったのは、観測史上初めてであった。

この熊本地震で、個人的に印象に残ったことが2つあった。まず、熊本に駆けつけたボランティアの中に、２０１１年の東日本大震災で支援を受けた東北の人々が、少なからず含まれていたこと。そして支援する側と支援される側との間に、サッカーを通じたつながりが、たびたび話題になっていたことだ。

Jリーグが始まった１９９３年は平成5年。Jリーグの歴史は、平成の時代をほぼカバーしている。そして平成は、自然災害が絶え間ない時代でもあった。そんな中で特筆すべきは、Jリーグでの交流から生まれた人的ネットワークが、被災地支援活動に大きな力を与えたこと。だが令和の時代に入り、そうした「サッカーの力」を無力化させる事態が、同じ熊本で起こってしまった。

２０２０年7月4日、県南部の球磨川が大氾濫する豪雨災害が発生。県内の死者64名という大災害となったが、おりからのコロナ禍もあって県外のボランティアは現地に入れず、やがて災害そのものが忘れ去られてしまった。観光名所に事欠かない熊本県だが、ここではあえて被災地をめぐる旅を紹介したい。そして旅の途中、そこかしこで出会った「真っ黒なあいつ」についても。

ロアッソ熊本のホームゲームが行われる、えがお健康スタジアム[1]には、阿蘇くまもと空港からタクシーでアクセスするのが一番早い。空港の到着ゲートを出てからスタジアムに向かうまでの間、くまモンのグッズやサインを視界からシャッ

1

2

トアウトするのは不可能だ。それくらい、熊本県はくまモンで溢れている。

くまモンは、熊本県ＰＲマスコットキャラクターとして、２０１０年に誕生。県の許可が得られれば、個人または企業でデザインを無料で使用することができる。この大胆な発想が、もともとローカルだったキャラクターを、世界的な人気者に押し上げることに。そして先の熊本地震でも、くまモンは被災地を励ますアイコンとして、さまざまな場面でフル活用されることとなった。

熊本の言葉で「がまだせ」[2]とは「頑張れ」を意味し、２０１６年の熊本地震では盛んに使われていたフレーズである。地震発生直後、県内でのＪリーグ開催は2カ月半にわたって見送られた。その間、柏レイソルやヴィッセル神戸やサガン鳥栖のスタジアムで、ロアッソの「ホームゲーム」が開催されている。日立台で行われた試合では、くまモンがスタンドに向かって盛んにお辞儀していた。

４００年以上にわたり、肥後の象徴であり続けた熊本城[3]は、復興のさなかにあった。もっとも、地震被害は今回が初めてではない。江戸時代の地震の記録は23回を数え、そのうち3回は直接的な被害を受けている。さらに明治期の１８８９年にも、マグニチュード６・３の地震によって石垣崩落は42カ所に及んだ。熊本城は、大地震に見舞われるたびに被災し、そして復活してきたのである。

県南部の人吉盆地を貫流する球磨川[4]は、熊本県最大の河川にして、最上川や富士川と並ぶ日本三大急流のひとつ。その球磨川が集中豪雨で大氾濫を起こしたのは、２０２０年7月のことである。それから4カ月後、現地を訪れる機会を得た。案内してくれたのは、継続的に東北支援活動を行っている、ちょんまげ隊長ツン

3

4

さん。そして、鹿児島ユナイテッドFCサポーター、じゃんけんマンである。

２０１１年の震災以降、日本各地で自然災害が起こるたびに、Jリーグファンによる被災地支援活動が行われた。しかし熊本豪雨災害では「コロナ対策」を理由に、地元行政が県外ボランティアを拒否。全国どこにでも駆けつけるツンさんも、この時ばかりは遠隔での支援を余儀なくされた。やりきれない話を聞きながら、[5]重機に貼られていた真っ黒なあいつに、少しだけ癒やされる。

最後に、高台から[6]球磨村神瀬（こうのせ）地区を見下ろしてみる。ここの保育園とお寺には、地元住民１２０人が避難して、救助されるまでの３日間を持ちこたえた。救助ヘリに向けて書かれた「こうのせほいくえん１２０メイヒナン」というメッセージは、全国ニュースにもなっている。多くの住民が村から退避したため、保育園から子供たちの声は消え、ただ重機を動かす音ばかりが聞こえる。

あらためて、現地の状況を肌で感じる大切さを思い知った、熊本での旅。案内役を引き受けてくれた、ツンさんとじゃんけんマンには心から感謝したい。

ロアッソくん
（ロアッソ熊本）

熊本メシ

熊本といえば「桜肉」とも呼ばれる馬刺しがお勧め。ただ美味なだけでなく、低カロリー、低脂肪、低コレステロールというのも魅力。これをいただく時、ロアッソくんのことを思い出してはいけない。

5

6

№ 46

桜島を望みながら明治維新を想う

鹿児島県

・総面積　約９１８７平方㎞
・総人口　約１５９万人
・都道府県庁所在地　鹿児島市
・隣接する都道府県　熊本県、宮崎県
・主なサッカークラブ　鹿児島ユナイテッドＦＣ、ＮＩＦＳ ＫＡＮＯＹＡ ＦＣ
・主な出身サッカー選手　片野坂知宏、前園真聖、遠藤保仁、那須大亮、大迫勇也、大迫敬介鹿児島は、幕末・明治の歴史と大自然のみならず、フットボールも身近に感じさせる県でもある。そして鹿児島といえば、何といっても西郷隆盛。西郷像は東京の上野だけでなく、鹿児島市立美術館の近くでも目にすることができる。

鹿児島の西郷像は、軍服姿で直立不動。やや生硬な印象を受けるが、実は上野の西郷像（1898年）よりも新しく昭和期（1937年）の作である。ちなみに鹿児島市内には、大久保利通の銅像もあるのだが、台座に彫られた名前のうち「通」の字が微妙にずれている。「大久保は通(みち)から外れたから」とする説が現地では根強い。

維新後における、大久保の功績については誰もが認めるところ。しかし鹿児島には「西郷愛」ゆえに、今も大久保を許さない人が一定数存在する。こうしたエピソードからも、幕末・明治の歴史が地続きな当地の特殊性を理解できよう。

鹿児島市を代表する繁華街、天文館。そこに白熊の剥製[1]を見つけて、思わず目を剥いた。なぜ、鹿児島に白熊？　鹿児島で「しろくま」と言えば、削りたての氷に練乳をかけて、その上にフルーツや小豆などをトッピングしたかき氷を意味する。白い氷のトッピングが、白熊の顔に見えたことから「しろくま」と命名されたとする説が有力だ。薩摩の人は無骨なイメージがあるが、実は甘いものが大好き。鹿児島出身の父方の祖父も、甘味には目がない人だった。

観光スポットに事欠かない鹿児島市だが、どうしても訪れておきたい場所があった。かごしま近代文学館には「向田邦子の世界」という展示スペースがある。父親が転勤族だった向田は、少女時代の2年3カ月を過ごした鹿児島を「故郷も

1

2

どき」と称して懐かしみ、死後ここに彼女の資料が展示されることになった。とりわけ印象深かったのが、生前に彼女が使用していた旅行用のトランク[2]。奇しくもここを訪れた8月22日は、彼女の命日であった。

鹿児島本線に乗って東市来（ひがしいちき）という駅で下車。そこからタクシーをつかまえて、薩摩焼の里として知られる美山（みやま）へと向かう。美山には、さまざまな窯元や工房が点在しているが、最も有名なのは沈壽官（ちんじゅかん）の窯元[3]。沈壽官は豊臣秀吉の朝鮮出征の際、島津義弘によって半島から連れて来られた陶工を開祖とし、以後15代も続く窯元として知られている。

鹿児島観光のハイライトは、やはり桜島[4]。国際火山学及び地球内部化学協会が定める「特定16火山」のひとつに指定されており、世界中の火山学者の間では非常に有名なのだそうだ。この純然たる火山島が、噴火により大隅半島とくっついたのは、第1次世界大戦が勃発した1914年のこと。地学的には「ついこの間」の出来事である。桜島には、今も4500人ほどの住民が暮らしている。

そんな桜島が、世界に誇る人物といえば誰か？ フットボールファン的には、やはり元日本代表の遠藤保仁ということになろう。桜島町（鹿児島市と合併して消滅）で生まれ育った遠藤は、2人の兄に憧れながら中学を卒業するまで、この地でボールを追いかけていた。桜島のフェリー乗り場では、遠藤が使用していたユニフォームやスパイク、ボールなどがサイン入りで展示されている。

2016年、鹿児島ユナイテッドFCのホームゲームを取材。この日は「ANAスペシャルマッチ」[5]と銘打ち、全日空の歴代CAコスチュームが披露された。

3

4

ＡＮＡといえば、今はなき横浜フリューゲルスが、県立鴨池陸上競技場を「準ホーム」としていた（フリューゲルスは他に、長崎と熊本でもホームゲームを開催）。この時のＪリーグの熱量を体験した地元のサッカー少年が、のちにクラブ社長となる徳重剛さんである。

これまで幾多のタレントを輩出してきた鹿児島県だが、その受け皿となり得るＪクラブが生まれる兆しは、なかなか訪れなかった。教員クラブをルーツとするヴォルカ鹿児島、そして徳重さんが立ち上げたＦＣ鹿児島が合併したのは、ＪＦＬに昇格した２０１４年のことである。

２０１８年からは「白波スタジアム」と命名され、[6]ゴール裏も随分と賑やかになった鴨池。「燃ゆる感動かごしま国体」に向けて改修作業が行われたが、クラブ側は市内にフットボール専用の新スタジアム建設を目指している。現時点では建設予定地も決まっていないが、桜島を望む魅力的なスタジアムが完成することを期待したい。

ゆないくー
（鹿児島ユナイテッドFC）

鹿児島メシ

肉も魚も野菜も美味い鹿児島だが、お勧めは鶏飯。奄美地方の食事で、年貢を取り立てる薩摩の役人をもてなすために用いられた。ご飯に鶏肉、ねぎ、海苔などを加え、出汁のきいたスープを注ぐ。

5

6

№ 47

ウチナンチュの地から J1クラブが誕生する日

沖縄県

・総面積　約2281平方km
・総人口　約145万人
・都道府県庁所在地　那覇市
・隣接する都道府県　なし
・主なサッカークラブ　FC琉球、沖縄SV、海邦銀行SC、ヴィクサーレ沖縄FCナビィータ、琉球デイゴス
・主な出身サッカー選手　石川研、喜名哲裕、新里裕之、我那覇和樹、赤嶺真吾、上里一将、比嘉祐介、田口泰士、知念慶

沖縄県は、どちらかといえばフットボールよりも、魅力的なリゾート地としてのイメージの方が強い。ここを本拠としているのが、現在J2に所属するFC琉球、そして九州リーグからJリーグを目指す沖縄SVである。

2021年、FC琉球はスタートダッシュに成功。J2の首位争いを演じてきた時には、遠征好きの少なからぬJ1サポが「琉球カモン!」状態だったと察する。もっとも、沖縄にJクラブが誕生した経緯は、決して一筋縄ではいかない。美しいリゾートの風景が、沖縄の本質の一面でしかないことは、当地のフットボールに関しても同様である。

那覇市のサッカー観光名所といえば、スポーツカフェのカンプ・ノウ[1](CAMP NOU)がお勧め。ご覧のとおりFC琉球推しの店だが、もちろんアウェイサポでも歓待してくれる。ちなみにオープン当時の2003年は、今はなき沖縄かりゆしFC推しで、クラブカラーのオレンジが基調だったという。

現在のベンガラに変わったのは、2年後の2005年から。厨房に立つ店主は、2000年代以降の沖縄サッカー史の語り部でもあるので、ぜひ声をかけてみてほしい。この店の最高のもてなしは、極上のフットボール談義である。

沖縄といえばビーチサッカー。日本代表を何人も輩出している、ソーマプラリア沖縄[2]のトレーニングを見学する。ビーチサッカーは、フットサルと同じ5人制だが、まるで異なる競技のように感じられる。「フットサルがパス主体なら、ビーチサッカーはシュート主体。オーバーヘッドキックなどのアクロバティックなプレーが多いのも魅力です」と、代表兼監督の河原塚毅さん。砂上でのランやキッ

1

2

クは想像以上に体力を消耗するので、試合は12分間の３ピリオドで行われる。

　ＦＣ琉球のホームゲームを観戦するなら、併せて観光したいのがユネスコ世界遺産にも指定されている中城城（なかぐすくじょう）[3]。15世紀の琉球王国の城であるが、沖縄戦での被害が限定的だったため、今でも良好な状態の石積みを見学できる。「日本の１００名城」の99番目に選定されているが（１００番目は首里城）、本土の城跡とは異なる石比率の高さに驚かされる。と同時に、わが国の文化の多様性に、あらためて思いをめぐらせてみた。

　ＦＣ琉球の本拠地、タピック県総ひやごんスタジアム[4]は、１９８７年に開催された「海邦国体」のメイン会場として建設された。施設の老朽化を受けて、総事業費およそ35億円をかけた大改修が行われ、２０１５年に現在の形に生まれ変わっている。ただしスタジアムがあるのは、那覇市ではなく沖縄市。県内には鉄道がないため、那覇の中心街からバスで移動すると1時間近くかかる。現在、那覇市内で計画されている、新スタジアムの完成が待たれるところだ。

　ＦＣ琉球の試合を盛り上げてくれるのが、クラブ公式チアダンスチームの琉球ＢＯＭＢＥＲＺと、クラブマスコットのジンベーニョ[5]。ジンベイザメをモティーフにした、Ｊリーグ史上初の魚類型マスコットである。

　かつてＦＣ琉球には「ぐしけんくん（仮）」というカルト的なマスコットがいたのだが、２０１３年に退団。4年後の２０１７年に発表された、ジンベーニョのデザインを見て、私は若干の戸惑いを禁じ得なかった。エンブレムに描かれていたシーサーが、てっきりモティーフとなると確信していたからだ。

4

3

しかし後日、美ら海で優雅に遊泳するジンベイザメを見て、その考えを改めるほかなかった。海洋県たる沖縄を象徴する生物は、シーサーでもヤンバルクイナでもなく、やはりジンベイザメの一択。ちなみに、那覇空港のショップで最もよく売れているグッズは、ジンベイザメをデザインしたものだそうだ。

ＦＣ琉球の設立は２００３年。その発端は「かりゆしを一斉退団した選手らにより結成」という、実に穏やかならざるものであった（かりゆしは２０１０年に解散）。２００６年にはＪＦＬに到達したＦＣ琉球であったが、およそ安定とは程遠い経営状態が長く続くこととなる。

それでも、クラブが存続し続けたのは「沖縄唯一のＪクラブを消滅させるわけにはいかない」という、関係者の情熱があればこそ。雨の中、ファンへの挨拶に向かうＦＣ琉球の選手たち[6]の姿を見て、ウチナンチュの地からＪ１クラブが誕生する日を想像してみた。

それは遠くない将来、新スタジアムの完成と共に実現されるのかもしれない。

ジンベーニョ
（FC琉球）

沖縄メシ

沖縄そばは、そば粉を使わない小麦粉のみの麺で作られている。豚と鰹をブレンドした出汁に、豚の三枚肉とかまぼこ、ねぎと紅ショウガをトッピングする。現地で取材中は、毎日のように食していた。

5

6

沖縄戦で破壊された首里城が、関係者の努力により復元されたのは1992年のこと。それから27年後の2019年10月31日、首里城正殿を含む建物8棟が焼失した。部分的に残った朱色の門を背景に、畏敬の念を込めてシーサーを撮影する。

あとがき

本書の企画は、２０１９年の晩秋からスタートし、
翌20年の3月初旬から、本格的な取材の旅を開始する予定だった。
しかし、新型コロナウイルスの感染拡大により、Ｊリーグをはじめとする国内サッカーは
すべて中断を余儀なくされ、やがて移動や旅そのものが、タブー視されるようになってしまう。
そして全国に緊急事態宣言が発出されると、
われわれは都道府県名と感染者数が記載された日本地図に、日々向き合うこととなった。
何とも皮肉な話だが、われわれはコロナのおかげで、
日常的に47都道府県を意識するようになったのである。

実のところ、これまでの生活で47都道府県を意識することは、ほとんどなかった。

せいぜい夏の甲子園か、冬の選手権くらい。

全国の天気予報も、仙台とか名古屋とか金沢といった都市名で表示されており、
宮城県とか愛知県とか石川県として認識されることはなかった。

それがコロナ禍で「県境をまたいだ移動」が禁じられたことで、
47都道府県は明確に区切られるようになり、感染者数の多寡は偏見や差別の温床にもなっていった。

あれから1年以上が経過し、ビジター席が閉鎖されていなければ、遠征も可能となった。

それでも旅そのものが、大っぴらに解禁されたわけではない。

誰もが遠慮しながら、こっそりと移動を続けている。


全国津々浦々のフットボールを取材するようになって15年。

すでに47都道府県を踏破していたが、取材と撮影の量には当然ながら濃淡があった。

全国に発出されていた緊急事態宣言が解除されて以降は、
淡い絵の具のままの「フットボールの白地図」を塗りつぶす旅が２０２１年まで続いた。

ようやく旅を終えたのは、ＳＮＳが「Ｊリーグの日」で盛り上がっていた、５月半ばの週末。

素材はすべて揃ったものの、その後の作業は苦難の連続だった。

一冊の写真集に完結したのは、ひとえに製作に関わる方々の尽力があればこそである。

まず、膨大な写真とテキストを、素晴らしいデザインワークでまとめ上げていただいた、
ｔｅｎｔｏの漆原悠一さんと栗田茉奈さん。

追い込み作業でご協力いただいた、五十嵐メイさん。

それから最高の伴走者であり続けてくれた、
妻の晴子と株式会社エクスナレッジの森哲也さんにも、心から感謝したい。


かくして、本書は完成した。

あとは、旅とフットボールを楽しむ日常が戻ってくることを願うばかり。

その時こそ、本書の価値が存分に発揮されるはずだ。

２０２１年７月　宇都宮徹壱

宇都宮徹壱

Tetsuichi Utsunomiya

１９６６年生まれ。東京都出身。東京藝術大学大学院美術研究科修了。97年にベオグラードで「写真家宣言」。以後、写真家・ノンフィクションライターとして国内外の文化としてのフットボールをルポルタージュしてきた。著書に『ディナモ・フットボール』（みすず書房）、『股旅フットボール』（東邦出版）、『フットボール風土記』（カンゼン）など。『フットボールの犬』で第20回ミズノスポーツライター賞最優秀賞受賞。今回の著書で47都道府県の取材を完遂した。

蹴日本紀行
47都道府県 フットボールのある風景

二〇二一年八月二日 初版第一刷発行
二〇二一年九月一日 第二刷発行

著　者 宇都宮徹壱
発行者 澤井聖一
発行所 株式会社エクスナレッジ
〒一〇六－〇〇三二
東京都港区六本木七－二－二六
https://www.xknowledge.co.jp

問合先 編集 〈ＴＥＬ〉〇三－三四〇三－六七九六
〈ＦＡＸ〉〇三－三四〇三－〇五八二
info@xknowledge.co.jp
販売 〈ＴＥＬ〉〇三－三四〇三－一三二一
〈ＦＡＸ〉〇三－三四〇三－一八二九